A Suzy

Si heureux
ces doigts
pour l'aventure de vous

fille   Ensues
            Très   bonne lecture
    et

Mahend
31/05/07

AU-DELÀ DU
NOIR ET DU BLANC

Directeur artistique : Pierre Riollet
Maquette intérieure : Céline Marie
Photographie de couverture : Getty Images

Max Milo Éditions
Collection *Mad* Max Milo, Paris, 2005
www.maxmilo.com
ISBN : 2-914388-60-8

GASTON KELMAN

AU-DELÀ DU
NOIR ET DU BLANC

MAD Max Milo

À Anne, muse et soutien exceptionnel dans cette dure tâche de création.

Aux élus de la Nation, Jean-Marie Rolland, député de Bourgogne qui m'a accueilli à bras ouverts en signe de reconnaissance de ma bourguignonité ; et Michel Charzat, pour l'honneur qu'il m'a fait en me reconnaissant une contribution à la citoyenneté.

Àux dames de Bourgogne, Safia et Sonia, et à toute cette jeunesse qui sait si bien y faire, Mohamadou Dia, Abd Al Malik et bien d'autres.

À Serge Bilé bien sûr, cabri qui ne veut plus laisser personne bêler (son histoire) à sa place, et à Dogad Dogoui, je dis courage !

À la mission diplomatique de France au Sénégal en souvenir de mars 2004, Monsieur l'ambassadeur et Madame, Monsieur le consul de Saint-Louis, les directeurs des centres culturels de saint-Louis (et son épouse), et de Dakar, ainsi que leurs équipes, pour leur accueil fraternel.

Au peuple sénégalais, aux écrivains de keur Birago pour la même raison.

À mes nièces de cœur, Suzy, Sophie, Samsara, Sadya, Mahi, Christ-Gwada, Nké.

À mes frères et sœurs, Marguerite, Marie-Thérèse, Joseph, Antoine, Ernest, Jean-Paul, Dieudonné et Angèle, Jean-Charles, Ange, Armand, sœur Cécilia, Nana-Payong et Titi-Mwél.

À mes enfants, dont Delmas et Mazarin et Frida et Enzo, encore. À mon père parti si tôt et à ma mère, toujours.

Aux pères Adrien Remi, Nicodème Bouh et Pierre Pondy, sans qui ce travail n'aurait peut-être jamais vu le jour.

SOMMAIRE

PRÉAMBULE

Débarrasse l'homme
De la couleur de la peau
De la couleur des yeux
Et tu verras la couleur de l'âme
La vraie couleur de l'homme.
(Ndjock Ngana, poète camerounais)

Aujourd'hui, le débat sur la place des minorités noires et de toutes les minorités visibles en France bat son plein. Les uns et les autres, nous participons à ce débat. Les uns et les autres, nous utilisons les moyens qui sont les nôtres. Nous sommes bien loin d'une quelconque unanimité. Il y a les descendants d'esclaves. Il y a les descendants de colonisés. Il y a les descendants de négriers occidentaux et orientaux et de colons occidentaux. Il y a les métis, les quarterons, les octavons, qui ne sont pas noirs mais sont pris et finissent par se prendre pour des Noirs. Il y a ceux qui sont des mosaïques de tout

11

– peau-rouge, peau noire, peau jaune, visage pâle –, ceux-là dont la composition n'a pas encore trouvé place dans les dictionnaires. Il y a de ces Noirs qui ne sont ni descendants d'esclaves, ni descendants de colonisés, mais revendiquent comme une gloire, un honneur immense d'être l'un et l'autre parce qu'ils sont noirs et que tous les hommes noirs auraient la même histoire, la même culture, le même destin.

Tout ce monde anime un débat qui va dans tous les sens, sur tous les tons et parfois dans une cacophonie indigeste, où des positions éminemment pertinentes côtoient des délires purement psychédéliques. Il n'est donc pas exceptionnel d'entendre une personne d'origine camerounaise proclamer qu'il est descendant d'esclave et un Antillais se baptiser africain. Je parle bien de baptême car généralement tout cela s'arrête à un ostentatoire changement de nom... de plume et à la psalmodie d'un credo afrocentriste incantatoire, le vécu réel restant bien évidemment occidental, même s'il se revêt de tenues dites africaines parce qu'appartenant à une supposée mode vestimentaire dogon ; même si le tissu vient en droite ligne d'une manufacture batave et d'une factorerie chinoise; même si le col Mao, symbole vestimentaire de l'authenticité de Mobutu, est emprunté à Pékin.

Les uns concentrent leurs demandes sur un objet unique : davantage de représentativité des Noirs à la télévision. Si c'était l'indispensable sésame pour accéder à plus de respectabilité, cela se saurait. Le rapport des Asiatiques avec ces deux facteurs – représentativité cathodique et respectabilité sociale – me permet d'en douter. Certes, les choses sont plus complexes. Certes, on me l'a toujours dit, *ce n'est pas pareil*. Nous y reviendrons souvent. D'autres enfourchent le cheval économique. Cette revendication est certainement plus objective, plus légitime. Elle va plus loin que la simple symbolique télévisuelle, pour réclamer le même anonymat positif pour tous les habitants de ce pays, cet anonymat qui permettra la fin des discriminations en tous genres.

Le retour du « maniocodépressif »

Quant à moi, j'ai choisi de traiter des sujets qui fâchent, parce qu'il fallait bien que quelqu'un le fasse ; parce que tout exorcisme est difficile mais salutaire ; parce que toute vérité est bonne à dire, même si elle est difficile à entendre. Abordant cette question du devoir de témoignage dans l'introduction de *Peau noire, masques blancs*, Frantz Fanon s'interrogeait en 1952 : « Pourquoi écrire ce livre ? Personne ne m'en a prié. Surtout pas ceux à qui il s'adresse[1]. ». La réponse est d'une clarté printanière. Fanon va très loin, dangereusement et irréversiblement loin dans son obsession à regarder la réalité en face et à la montrer au Noir. Connaissant bien le Noir, il sait qu'il prend des risques. « *Dussé-je encourir le ressentiment de mes frères de couleur, je dirai que le Noir n'est pas un homme... Le Noir est un homme noir ; c'est-à-dire qu'à la faveur d'une série d'aberrations affectives, il s'est établi au sein d'un univers d'où il faudra bien le sortir... Nous ne tendons à rien de moins qu'à libérer l'homme de couleur de lui-même[2]. ».*

Le débat suscité par la sortie de mon livre *Je suis noir et je n'aime pas le manioc*[3] m'a satisfait. J'avais achevé mon texte en formulant un vœu : « S'il permet l'éclosion de ce débat franc, libre, égalitaire et fraternel, il aura atteint son but au-delà de mes attentes. » Ai-je atteint cet objectif, ai-je permis l'éclosion du débat sur la situation du Noir en France ? On le dit et je m'en réjouis. Certains me le contestent – je m'y attendais –,

[1] Frantz Fanon, *Peau noire, masques blancs*, Seuil, Points essais, Paris, 1971, p. 5.
[2] Ibid, p. 6.
[3] Gaston Kelman, *Je suis noir et je n' aime pas le manioc*, Max Milo, Paris, 2004.

m'opposant que l'on n'a pas attendu le Noir qui n'aime pas le manioc, le «maniocodépressif [4]», pour traiter la question raciale en France.

Pourtant aucune recherche ne m'a permis de trouver qu'avant cet ouvrage, le Noir de la «métropole» avait été invité, par les Noirs ou par les Blancs, à se considérer en France comme un citoyen et non comme un immigré, comme un frère et non comme un ami, comme un Français à part entière et non comme un Africain et apparenté. On pensait ou on laissait croire que le Noir était doté de spécificités culturelles qui seraient dues, non pas à ses appartenances sociales, mais à un atavisme racial inviolable. Même la mouvance si dynamique, si positive et si volontariste de SOS racisme n'a pu éviter le piège qui consiste à considérer les immigrés et leurs enfants comme des *potes* et non comme des frères. À ma connaissance, aucun observateur n'a osé affirmer que l'homme noir n'était pas le produit d'une origine, mais celui d'un espace social d'éducation, que les racines ne sont pas figées, mais mobiles, déterminées par les limites de l'espace vécu.

Certes, Amin Maalouf [5] a détribalisé les identités, les ramenant à leur support réel, qui est social et non originel ou racial. Mais si Monsieur Maalouf parle des hommes, nul n'a pensé qu'il pouvait aussi parler du Noir. Comme on le sait, le Noir n'est pas encore un homme pareil aux autres, malgré les revendications de la Négritude. Le Noir n'est pas à l'intérieur, mais à côté de l'humanité, dans une humanité-bis ; ce chaînon manquant de l'humanité sur lequel certains continuent de travailler [6]. Le Noir n'est pas à l'intérieur mais à côté de la France.

---

[4] Sobriquet dont m'a affublé un lecteur pourvu d'un certain sens de l'humour.
[5] Amin Maalouf, *Les Identités meurtrières*, Le Livre de Poche, Paris, 2001.
[6] Voir le film *Man to Man* de Régis Wargnier, 2005.

J'ai donc suscité le débat et tiens à exprimer mon bon-heur et ma reconnaissance à tous ceux qui y participent depuis lors, même si leurs positionnements sont affligeants ou injurieux. Je me réjouis que le silence qui assourdissait la problématique sur la citoyenneté française du Noir ait implosé. Peut-être suis-je arrivé au bon moment ? Certainement. Sans doute la France était-elle de plus en plus prête à entendre ce discours sur la citoyenneté multiraciale, sur notre histoire commune qui désormais transcende des barrières raciales ô combien factices.

Un débat en ébullition

Il n'en reste pas moins vrai que ce débat est nouveau, indu-bitablement nouveau. Je ne parle pas du travail des chercheurs afrocentristes. Dans le contexte de la problématique du Noir en France, ce travail vaut ce qu'il vaut et nous y reviendrons plus loin. Mais comme son nom l'indique, il se fixe pour objec-tif de redonner de la fierté aux Africains en construisant un passé prestigieux à l'Afrique. Je ne parle pas de ce néo-négro-centrisme parfois virulent qu'hébergent certains sites Internet dits *blacks*. Tout y est centré sur le destin des populations noires de la planète, destin que l'on voudrait unique mais à l'écart du reste de l'humanité, baignant dans une fraternité de type religieux, mystique, sinon sectaire. Et au nom de cette illusoire unicité de destin, un Français noir qui dirait qu'il n'est pas descendant d'esclave est accusé d'un révisionnisme plus pernicieux que celui des méchants Blancs dont il ferait le sale boulot. Je ne parle même pas des initiatives des originaires des DOM, pour une meilleure prise en compte de la Traite dans l'histoire de France. Ce combat est légitime. En effet, il ne s'agit pas – en tout cas, je l'espère – de rendre la France blanche d'au-jourd'hui coupable des fautes de ses ancêtres. Nul ne *devrait* hériter de la culpabilité ou de la souffrance de ses aïeux. Il s'agit d'aider la France à regarder son passé en face, pour que tous ses citoyens, descendants d'opprimés et d'oppresseurs, puissent effectivement dire, dans un élan fraternel, *plus jamais ça*, ce *plus jamais ça* que tous ensemble, nous devons opposer à tous les crimes contre l'humanité qui ont assombri l'histoire de ce pays, et qui ont déshumanisé les hommes, aussi bien les victimes que les bourreaux.

La France est prête

La France est prête au débat racial et, phénomène nouveau et salutaire, les Noirs se sont jetés à corps perdu dans le débat. Un frémissement, certes : les rayons « société » des librairies sont encore bien peu fournis en écrits de Français noirs, alors qu'ils croulent sous la prose « beur », preuve que les Beurs ont depuis longtemps intégré le débat. La chèvre bêle enfin, ne laissant à nul autre le soin de le faire à sa place[7]. Les Noirs se sont mis à parler de leur propre histoire, de leur propre vécu. *Je suis noir et je n'aime pas le manioc* fut l'un des premiers titres traitant de la place du Noir, du *Français* noir, dans la société métropolitaine[8]. Puis soudain, ce fut comme une petite avalanche. Après des décennies de mutisme, quatre titres sont sortis en 2004[9] et déjà trois en 2005[10], à l'heure où j'écris ces lignes. Qu'il soit sportif ou musicien, créateur ou politicien, le

---

[7] Amadou Ampaté Ba, intellectuel, philosophe et écrivain sénégalais, disait : « Quand la chèvre est présente, il est inutile de bêler à sa place. »

[8] Certes, quelques mois plus tôt, en décembre 2003, le psychologue Ferdinand Ezembe publiait un excellent essai intitulé *L'Enfant africain et ses univers* (Karthala). Ce livre parle globalement de l'enfant noir *français*. Mais il est marqué, comme son titre l'indique, par une forte prise en compte du contexte africain ici et là-bas. Ce qui n'enlève rien à sa valeur, car il reste un livre de référence pour comprendre le fossé qui sépare l'univers des enfants de celui des parents.

[9] Parus en février 2004 : Fatou Biramah et Audrey Diwan, *Confessions d'un salaud*, éd. Denoël ; Abd Al Malik, *Qu'Allah bénisse la France*, Albin Michel ; Lilian Thuram, *8 juillet 1998*, Anne Carrière ; Gaston Kelman, *Je suis Noir et je n'aime pas le manioc*, max Milo,

[10] Parus en février 2005 : Serge Bilé, *Noirs dans les camps nazis*, Le Serpent à Plumes ; Mohamadou Dia, *J'ai fait un rêve*, Ramsay ; Safia Otokoré, *un conte de fées républicain*, Robert Laffont.

diablotin noir de banlieue s'est converti en citoyen performant. Fini le temps des tristes negro spirituals, des jérémiades pathologiques et des autocensures suicidaires. Les choses avancent malgré les difficultés bien connues qui persistent...

Et des difficultés nouvelles qui s'annoncent...

Un accouchement difficile

Toute parturition est douloureuse, et pour celle de la libération de la France de ses angoisses racialistes, il n'est point d'injection péridurale.

Côté noir, comme ces esclaves qui, ne sachant pas gérer leur liberté trop brutalement advenue sans qu'ils s'y soient préparés, s'en retournaient résignés, en servitude volontaire, beaucoup de Noirs ne peuvent supporter cette approche de la citoyenneté déracialisée. Complexés en diable, comment pourront-ils vivre la nouvelle fraternité citoyenne avec le maître blanc? Hypocondriaques patentés, souffrant d'une *dolorite* aiguë, comment vivront-ils sans la complainte permanente qui renvoie tous leurs malheurs à la responsabilité de l'autre? Comment vont-ils apprendre à vivre sans gémir, sans brandir leur inutile fierté et leur illusoire fraternité? Des communautarismes surgissent de toute part et le Noir plus que jamais revendique sa spécificité noire et même africaine.

Du côté blanc, «le négrier craque de toute part, son ventre se convulse et résonne[11]». En effet, un Noir qui ne geint plus ne renvoie pas tout à la couleur de la peau, ne se plaint pas qu'on lui a barré le chemin du succès, mais brandit plutôt une réussite insolente; un tel Noir est vraiment contrariant, iconoclaste et inattendu. Ce n'est pas un bon Noir. Je me

---

[11] Aimé Césaire, *Cahier d' un retour au pays natal*, Présence Africaine, Paris, 1995, p. 61.

souviens de cet homme qui disait à Safia Otokoré[12] qu'il avait peu apprécié la deuxième partie de son livre, alors qu'il avait adoré la première. L'explication est simple. Dans la première partie, Safia Otokoré raconte les tourments des femmes, et des jeunes filles en particulier, dans l'enfer machiste de Djibouti, entre infibulation et surveillance des hommes. La deuxième partie expose le conte de fées de celle qui est devenue vice-présidente de Conseil régional. Et c'est cette deuxième partie, qui relate une belle histoire unique en France, qui a semblé peu digne d'intérêt pour ce lecteur !

Alors, dans un sursaut nostalgique et convulsif, le Blanc veut s'opposer à cette libération et provoque le Noir dans une déferlante révisionniste. La revue d'actualité est édifiante.

Pot (vraiment) pourri

Politique. Les députés de la Nation usurpent le pouvoir des historiens, réinterprètent l'Histoire et inventent des aspects positifs à la colonisation[13]. Afin que rien ne manque à leur perfidie et pour que les générations ne sortent jamais d'une guerre froide nationalo-raciale dont ils sont convaincus que le Blanc sera toujours vainqueur, ils demandent que leur révisionnisme soit enseigné aux enfants des écoles. L'article 4 de la loi du 23 février 2005, « portant reconnaissance de la nation et contribution nationale en faveur des Français rapatriés », dit ce qui suit : «*Les programmes de recherche universitaires accordent à l'histoire de la présence outre-mer, notamment en Afrique du Nord, la place qu'elle mérite. Les programmes scolaires reconnaissent en particulier le rôle positif de la présence française outre-mer, notamment en Afrique du Nord...* ».

---

[12] Safia Otokoré, *op. cit.*
[13] Art. 4 de la loi du 23 février 2005, « portant reconnaissance de la nation et contribution nationale en faveur des Français rapatriés ».

Scolaire. Le baccalauréat technologique 2005 proposait à l'épreuve de français, dans la catégorie *écriture d'invention*, un sujet qui, s'il n'est pas dans la mouvance révisionniste pure, mérite toutefois réflexion. S'inspirant de *Lily*, la chanson de Pierre Perret, l'examinateur propose le sujet suivant : « Lily, un an après son installation à Paris, écrit à sa famille restée en Somalie. Elle dénonce l'intolérance et le racisme dont elle est victime . Vous rédigerez cette lettre. » Un éditorial du site Internet *Boojum* s'émeut à juste titre de cette épreuve : « Il n'est venu à l'idée d'aucun des membres de la commission qui a conçu ce sujet qu'il y aurait forcément parmi les candidats des jeunes gens, comme on dit, issus de l'immigration, et que cette composition anti-française qu'on les invitait à rédiger ne les aiderait en rien à s'intégrer dans un pays qui est désormais le leur. » L'éditorialiste a entièrement raison. Mieux, l'observation vaut aussi pour les jeunes dits « Français de souche ». Leur présenter une France intolérante et raciste qui rejette certains de leurs camarades qui vont devenir leurs compagnons de vie, leurs camarades dans le militantisme et leurs collègues de travail, ne les aide pas du tout. L'éditorialiste poursuit avec une autre observation tout aussi digne d'intérêt.

« *Si le but recherché par l'enseignement – et il ne saurait y en avoir d'autre – est d'aider les fils de ceux qui ont souffert à souffrir moins que leurs pères, il n'est pas sûr qu'on les aide beaucoup en ressassant le passé. C'est l'un des effets du devoir de mémoire que de perpétuer l'exclusion des exclus. Loin de nous l'idée qu'il faille oublier ou dissimuler quoi que ce soit, mais – et c'est d'ailleurs le sens de la dernière partie de la chanson de Perret, avec son enfant qui naîtra un jour et qui aura la couleur de l'amour – on contribue beaucoup plus au bonheur des gens en leur montrant ce qu'ils pourront être qu'en leur rappelant ce qu'eux-mêmes ou leurs ancêtres ont été. Par exemple, nier que la torture ait pu être employée pendant la guerre d'Algérie, c'est hypocrite et idiot. Mais insister lourdement sur cet aspect des choses, c'est placer les jeunes Beurs dans une position impossible. Les contraindre à considérer leur mère-patrie comme une marâtre, et leur rendre la vie impossible.»*

Plus loin, je parlerai, pour ma part, de ceux que la France considère comme ses bâtards et dont forcément Marianne serait la marâtre.

Cinéma. J'ai été récemment invité à la première d'un classique sur l'Afrique à l'occasion de son édition sur support DVD. Il s'agissait de *L'État sauvage*, un film de Francis Girod (1978). Comme son nom l'indique, l'Afrique y est évidemment présentée comme un État et dans tous ses états. Exit la dimension continentale et toute la diversité qu'elle renferme. L'histoire se déroule en 1960, «dans un pays récemment converti à la démocratie», nous apprend la fiche de présentation. Ici, l'État-Afrique est en fait un village où tout le monde court partout, poursuit tout le monde, craint le Blanc tout-puissant, et finit par assassiner le jeune Premier ministre Patrice (suivez mon regard. Vous avez deviné? Gagné! Lumumba, bien sûr!) qui a réussi à faire l'unanimité contre lui: trahir les Blancs en leur piquant leur femelle, le tabou suprême du maître; trahir le gouvernement noir en étant travailleur et incorruptible; trahir le peuple noir en couchant avec une Blanche... Et je continue à me demander quel est le bien-fondé de la reprise de ce type de cinéma qui n'en finit pas de stigmatiser l'Afrique dans un spectacle de voyeurisme inutile.

En avril 2005, Régis Wargnier, que l'on trouvait déjà dans *L'État sauvage* – il y a de ces fidélités! –, ressuscite dans son film *Man to man* le vieux mythe du chaînon manquant de l'humanité. « En 1870, Jamie Dodd, un anthropologue écossais, ramène dans son pays un couple de pygmées africains. Ces "nains sauvages" font très vite l'objet de convoitises. Certains y voient l'origine de l'homme, d'autres veulent en faire des bêtes de foire. Lui seul les regarde, non comme des sauvages, mais comme des êtres humains. »

Au passage, l'auteur égratigne injustement la perfide Albion et falsifie totalement l'histoire et la géographie. « Dans *Man to man*, les Britanniques colonialistes dans leur majorité voient les pygmées comme des animaux, des êtres inférieurs. » C'est la France bien plus que l'Angleterre qui s'est arrogé la mission civilisatrice. La France plus que l'Angleterre s'est longtemps questionnée sur l'humanité du Noir, recueillant même la Vénus hottentote pour l'exposer dans les foires, alors que l'Angleterre avait interdit l'exploitation commerciale de cette pauvre femme. Enfin, c'est sur le territoire colonial français (Congo, Centrafrique, Gabon) et allemand (Cameroun, qui deviendra français en 1916) qu'en 1870, on trouvait des pygmées, et non dans les colonies anglaises. La fiction n'autorise pas tout, quand elle s'inscrit dans l'historicité du réel.

Nous sommes vraiment touchés par la magnanimité de Wargnier et de son héros. Mais nous nous interrogeons sur l'intérêt de ce film. Quelle en est la pertinence pédagogique ? Existe-t-il encore en cette douce France des hommes qui mettent en doute l'humanité de l'Africain, nain pygmée ou géant massaï ? La meilleure façon de combattre un tel racisme est-elle de présenter un film ambigu dont les effets subliminaux gommeront ses prétendus aspects anthropologiques et historiques pour en faire un documentaire d'actualité ? J'entends d'ici les « Oh ! » et les « Ah ! » médusés des chaumières et des HLM de la France d'en bas.

Histoire. Olivier Pétré-Grenouilleau écrit un livre sur les traites négrières [14]. Mon but n'est pas de lui contester le droit d'interpréter les événements historiques. J'ai d'autant moins envie de contester son travail que l'historien Pap Ndiaye, noir de peau, maître de conférences à l'École des hautes études en sciences sociales, reconnaît un mérite certain à ce livre qui « ouvre des débats, conduit à la réflexion, parfois à la critique, décape avec vigueur beaucoup d'idées et de représentations communes, et c'est tant mieux [15] ». Ce qui pose problème, c'est la gesticulation autour d'un travail qui n'a pas de prétention révolutionnaire. Tout en continuant à penser avec Pap Ndiaye que ce livre a de la pertinence, je ne sais s'il méritait les lauriers que le Sénat a tressés à son auteur. Que ce livre propose un nouvel éclairage sur la traite transsaharienne ou sur la participation des Noirs aux différentes traites, données historiques dont nulle personne sensée ne nie la réalité, semble avoir apporté une caution inespérée à la nation France, comme si ces affirmations relativisaient sa responsabilité. « Vous voyez ! On n'était pas les seuls » aurait pu être la conclusion du discours du président du Sénat. Il y a quelques années, Stephen Smith recevait un prix pour son livre *Négrologie* [16], certes plein de mérite, mais qui dévoilait cet autre grand secret de polichinelle qu'est l'échec au développement du continent africain. Par contre, l'analyse révolutionnaire et novatrice de Serge Bilé sur l'existence des Noirs dans les camps nazis, une histoire totalement occultée, absolument inconnue, se trouvait recalée au podium des prix. Je me suis toujours acharné à déculpabiliser mes contemporains, Blancs et Noirs, pour une prétendue responsabilité

---

[14] Olivier Pétré-Grenouilleau, *les Traites négrières, essai d' Histoire globale*, NRF, Paris, 2005.
[15] Site Internet *grioo.com*.
[16] Stephen Smith, *Négrologie*, Calman-Lévy, Paris, 2003.

héréditaire par rapport à des faits historiques. Mais la France n'en finit plus de se chercher des excuses.

La dernière tentation du saumon

Aujourd'hui, la France est de plus en plus prête à assumer sa multiracialité. Mais, nous l'avons dit, la parturition est difficile. Alors, pour reculer l'échéance pourtant fatidique et salutaire, la société tout entière est comme prise du syndrome que j'appelle la *tentation du saumon*. En effet, les saumons ont la particularité d'être anadromes, c'est-à-dire qu'ils remontent de la mer vers les eaux douces pour frayer. Quand vient le temps de l'accouplement, le saumon retourne à la rivière où il est né. Certains n'atteindront jamais les frayères, morts de fatigue ou chassés par les prédateurs. Seulement, ce retour aux origines qui, dans tous les cas de figure, est fatal au saumon, ne permet pas la naissance d'une espèce nouvelle. De même, la peur du changement, l'apparition du nouveau Français déracialisé, stimule comme une montaison chez certains, Blancs et Noirs, qui veulent retourner aux sources raciales de la citoyenneté et conserver leur supposée nature. Mais ils savent que ce n'est plus possible, que l'homme n'est pas un saumon. Bounty, cappuccino[17], ou ni l'un ni l'autre, le nouveau Français sera déracialisé. Nous sommes ici devant un cas de l'*impossible retour*.

Alors je me suis réinvité au débat. Parce que la France est prête, et elle l'a prouvé par la reconnaissance de sa multiracialité. Pour l'avoir accusée, il y a peu, de cacher cet élément

---

[17] *Bounty*, terme usité chez les Noirs, est l'insulte suprême que l'on lance aux Noirs qu'on accuse d'être blancs à l'intérieur, comme cette friandise fourrée de noix de coco blanche avec un nappage de chocolat. *Cappuccino*, utilisé par les Blancs, est l'insulte que l'on lance aux Noirs qui se prennent pour des Blancs alors qu'ils ne sont que des Noirs avec un petit nappage de lait blanc, comme le breuvage du même nom. J'ai eu droit aux deux distinctions. Ce qui m'a profondément rassuré sur le fait que je n'étais que moi au milieu des extrêmes.

derrière l'exposition de leurres comme la multiculturalité[18], je ne peux que me réjouir de cette évolution positive. La France a fait le bon constat, mais il reste deux étapes essentielles, les plus importantes en fait. Il s'agit, après le constat de l'existence d'un phénomène, de faire le juste diagnostic de son ampleur et de trouver le bon dispositif pour que les choses se mettent à leur place. Il est évident que si le diagnostic est faussé, le dispositif mis en place sera inadapté et inopérant.

Par-delà le Noir et le Blanc

Je me suis réinvité au débat pour poser des questions, même quand elles pourraient fâcher, surtout quand elles fâchent et que l'on évite de (se) les poser puis proposer des réponses. Quelles sont les pesanteurs qui nous empêchent encore de voir en l'autre un humain et non un Noir, un citoyen et non un étranger ? Quels sont les éléments qui façonnent mon identité et surtout celle des enfants nés en France ? Est-ce la couleur de la peau ou la réalité culturelle et sociologique ? Quelle est la place de la couleur de la peau dans la détermination des identités réelles ? Quels sont les pièges à éviter ? Quels moyens mettre en œuvre pour sortir des ségrégations et des injustices dont sont victimes certains citoyens à cause de leurs origines ? Que penser de la discrimination positive ?

Je voudrais apporter ma modeste contribution à la conviction humaniste et universaliste qui a guidé les grands penseurs noirs de France – Aimé Césaire, Frantz Fanon, Guy Tirolien – et beaucoup d'autres maîtres de la négritude - Francis Bebey, Senghor. Je voudrais dire comme Frantz Fanon : « Le Nègre n'est pas, pas plus que le Blanc[19]. » Au-dessus de cela, il y a l'homme et le citoyen. L'assimilation totale

[18] Gaston Kelman, *op. cit.*
[19] Frantz Fanon, *Peau noire, masques blancs*, Points Essais, Paris, 1971, p. 187.

de cette unique vérité est le seul moyen de sortir des angoisses existentielles qui minent la Liberté de ceux qui sont ségrégués du fait de leur apparence, remettent en cause l'Égalité citoyenne et l'indispensable Fraternité qui doit unir tous les fils d'un même pays.

Je voudrais m'inscrire dans une approche essentiellement *autocritique* du Noir et accessoirement accusatrice de l'autre, dans ses torts réels. Parlant de Richard Wright, l'un des maîtres de cette tendance autocritique, Clarence Walker nous dit que celui-ci « avait bien saisi l'essence de cette position autocritique noire quand, en commentant ses désaccords avec ses camarades noirs du Parti communiste, il observait qu'il était plus intéressé par des *questions* et eux par des *réponses*[20] », rejoignant en cela la prière de Frantz Fanon, ultime phrase de son livre : « Ô mon corps, fais de moi toujours un homme qui interroge[21] ! » Quant à moi, je ne participerai jamais à la subjectivité dictatoriale d'une certaine pensée unique noire percluse de certitudes. Je ne voudrais pas céder au romantisme racial et je refuse de m'inscrire dans le dictat qui impose à mes enfants et aux Antillais d'être des étrangers dans leur pays parce qu'ils sont noirs.

Le modèle américain

On me demande souvent pourquoi je tire mes références des littératures et des sociétés négro-américaine et antillaise plutôt que du répertoire africain. En effet, dans mes textes et dans mes interventions orales, je me réfère plus souvent à Guy Tirolien, Aimé Césaire, Frantz Fanon, pour ne citer que ces maîtres, qu'à Hamidou Kane, Mongo Beti ou Camara Laye. La réponse est bien simple. À ce jour, mon centre d'in-

---

[20] Clarence E. Walker, *L' Impossible Retour, à propos de l' afrocentrisme*, Karthala, Paris, 2004, p. 31.
[21] Frantz Fanon, *op. cit.*, p. 188.

térêt exclusif reste la condition du Noir en France et de l'enfant issu de l'immigration noire en particulier. La problématique de cette population est plus proche de celle de tous les Noirs vivant hors d'Afrique que de ceux qui sont restés sur le continent.

Elle n'est pas loin cette époque où les Noirs américains, les Caribéens et les Noirs africains pensaient avoir des problématiques sociales et politiques communes. Aujourd'hui, si l'on exclut les quêtes mythologiques afrocentristes de certains, les Noirs américains ont compris qu'ils étaient des Occidentaux et que leurs problématiques n'avaient rien de commun avec le sous-développement africain. « Les Nègres américains se sont aperçus que les problèmes existentiels qui se posaient à eux ne recoupaient pas ceux auxquels étaient confrontés les Nègres africains..., que les problèmes qui maintenaient Richard Wright et Langston Hughes en éveil étaient fondamentalement différents de ceux que pouvaient affronter Léopold Senghor ou Jomo Kenyatta [22]. »

Les enfants noirs de France sont très proches de leurs cousins américains. Évidemment, on pensera tout de suite au rap et à l'admiration qu'ils ressentent pour les personnalités noires des États-Unis et à l'inspiration qu'ils puisent dans ce pays. Mais ceci n'est que la partie visible et accessoire de la similitude des situations entre les deux groupes. La situation des Noirs en France n'est pas celle d'un peuple sous la domination sociale, politique et culturelle d'une puissance étrangère. C'était le cas de l'Afrique sous la colonisation. Ici, il s'agit, comme aux États-Unis, d'une minorité visible qui, arrivée sur un territoire dans des conditions difficiles, se bat sur cette terre qui est son pays, pour ses *droits*

[22] Frantz Fanon, *Les Damnés de la terre*, La Découverte Poche, Paris, 2002, p. 205/206.

civiques fondamentaux, pour l'égalité des droits, contre les discriminations[23].

La solution aux problématiques des Noirs en France suivra inévitablement la voie tracée par les pragmatiques Américains. La France sort peu à peu de son rêve romantique de l'égalité républicaine qui descendrait du fronton des Maisons communes pour nimber les citoyens comme d'une auréole de canonisation. Il est évident que l'égalité de traitement en France, l'éradication des discriminations raciales, ne descendront pas du ciel républicain. Elles s'implanteront dans la société à la suite d'une démarche volontariste, quand grâce à la pédagogie, la société comprendra qu'il n'y a pas de prédestination professionnelle, qu'un ingénieur en informatique noir doit être embauché comme ingénieur et non comme Noir. S'il est parfois indispensable de légiférer, la fin des discriminations ne viendra pas des lois, mais grâce à la transmission par la pédagogie, d'une philosophie, d'un état d'esprit, par la mise en place de symboles forts qui agiront en permanence, lentement mais sûrement dans l'inconscient collectif de notre société.

Enterrer les races

Ce livre est-il la suite de mon précédent travail, *Je suis noir et je n'aime pas le manioc*? C'est indéniable. On ne sort pas

---

[23] Il existe une différence fondamentale entre les Antilles et les USA. Aux Antilles, les Noirs forment un groupe majoritaire, dominé par une minorité. Cette situation est de type colonial. Les écrivains antillais –Césaire et Fanon en tête – l'ont toujours considérée comme telle. Cette situation est anesthésiante. L'Antillais accepte inconsciemment la domination du maître blanc. Comme l'Africain, il n'en finit pas d'en sortir. L'insularité et l'éloignement de la métropole ne lui permettent pas de comparer son sort à celui du Blanc pour revendiquer un traitement égalitaire. Son élément de comparaison reste lui-même, c'est-à-dire son semblable qui vit dans les mêmes conditions que lui. Il se compare peu au Blanc qui reste le maître de droit héréditaire. Le Noir américain qui vit à Harlem-la-Noire se mire dans l'opulence arrogante de Manhattan-la-Blanche et finit par réclamer sa part du gâteau. Aux Antilles, les revendications sont romantiques, symboliques, culturelles. Les velléités indépendantistes sont les exceptions qui confirment la règle. Le gros du peuple se satisfait de cette situation, surtout quand il regarde du côté des voisins indépendants, la misère indescriptible qui sévit chez eux, la loi de la jungle qui génère les reste-avec en Haïti, ces enfants esclaves au destin et au regard morts, les prostituées, les clandestins et les domestiques qui leur arrivent des îles voisines indépendantes et miséreuses.

facilement d'un bonheur comme celui que ce livre m'a procuré. Je pense que ce nouveau travail conserve cependant son autonomie. Toutefois, on le comprendra mieux en ayant été au courant des interrogations que soulevait le premier. Sincèrement, après la déferlante du *manioc*, il m'était difficile de passer à de la poésie romantique ou au romanesque pur, et je me demande si j'en ai le talent.

Une remarque de pure forme. Je sais que la notion de race est aujourd'hui obsolète. Mais je sais surtout que si les scientifiques nous ont prouvé que cette notion est morte, son enterrement va durer des siècles. Je sais que le Nègre n'existe pas, pas plus que le Blanc. Mais comment déterminer ces deux groupes aujourd'hui dans un texte comme celui-ci ? Je me suis essayé, dans un premier temps, à utiliser chaque fois un terme où le mot « noir » ne serait pas substantif mais reprendrait sa place de pur adjectif qualificatif. Je me suis essayé à la périphrase systématique. L'effort était trop fastidieux pour que je puisse le tenir sur deux cents pages. Pour des commodités de langage, je vais donc continuer à utiliser les termes de « race », de « Noir » et de « Blanc », convaincu que nous nous comprenons.

I - LE PRINTEMPS DES MINORITÉS NOIRES
OU L'ÉVEIL D'UNE CONSCIENCE « NOIRE » DÉRACIALISÉE

> Je suis sûr, autant qu'on puisse l'être,
> qu'une revalorisation des anciens combat-
> tants d'Afrique, correctement expliquée et
> médiatisée, ferait plus pour empêcher les
> poussées de fièvre dans les banlieues, que
> dix bataillons de gendarmes mobiles[24].

Au cours de l'année 2003, le débat sur les minorités visibles – néologisme édulcorant pour désigner les Noirs et les Arabes – s'intensifie. Les observateurs commencent à admettre l'existence d'un problème racial en France, là où l'on ne parlait que d'un problème social, problème social que la France allait d'ailleurs dissoudre dans l'intégration républicaine comme elle l'avait fait pour les courants migratoires

---

[24] Mohamadou Dia, *J' ai fait un rêve...*, Ramsay, Paris, 2005, p. 119.

blancs. Le chef de l'État lui-même s'en fait l'écho, et comme à son habitude, dans des envolées lyriques péremptoires (et des trémolos dans la voix), souhaite que les choses changent et promet qu'elles vont changer, même s'il faut pour cela ressusciter Victor Schoelcher, Gaston Monerville et Félix Éboué.

Sarkozy, le bouillant ministre de l'Intérieur, pense alors – qui l'eût cru, il y a encore peu de temps, de la part d'un ministre de la République, fût-il lui-même fils d'immigré – que la discrimination positive doit être appliquée aux minorités ethniques visibles en France. Un réel bouleversement dans les mentalités, quand on sait que l'expression même de *discrimination positive*, apparue dans les années 1980, a été diabolisée parce que la France rejetait ce dispositif anglo-saxon. C'est ce qui explique le fait que l'innocente *affirmative action* américaine, la simple *positive action* anglaise, se soient transformées en cette gauloise pomme de discorde, en cet oxymoron dévastateur : la discrimination positive.

Cependant, la littérature sur l'intégration de ces visibles minorités reste dominée par la problématique maghrébine. Le voile islamique, dont les statistiques les plus pessimistes disent qu'il est porté par à peine quelques centaines de filles et qui souvent ne traduit qu'une banale crise d'adolescence, devient le thème dominant de l'intégration dont il occupe et occulte le débat depuis quinze ans[25]. La chose est si vitale pour la nation France que l'on est obligé de légiférer. Alors, soudain, c'est le branle-bas de combat. De patibulaires mollahs descendent des minarets, prennent des positions fracassantes sur les médias. L'international s'en mêle. Des exégètes, beaux comme les princes arabes de cinéma, collier de barbe compris, dont on feint de ne pas percevoir la dangerosité du langage fourchu,

---

[25] Les premiers débats sur le voile remontent à 1989.

nous arrivent des pays voisins ; quand ce n'est pas tout simplement le ministre d'État qui va en consulter certains à domicile, à l'ombre des pyramides et des minarets nord-africains.

Les livres sur ce thème se comptent par dizaines. Les éditeurs font assaut d'originalité et nous dénichent d'inattendues penseuses de l'Islam. Il n'est pas jusqu'aux jouvencelles d'Aubervilliers, les frangines Alma et Lila, de parents judéochrétiens, porteuses patentées et farouches défenderesses du voile, qui n'aient leur mot à dire. Deux jeunes femmes, *l'une voilée, l'autre pas*[26], nous dévoilent leur pensée théologique profonde sur l'Islam, cet Islam qui est l'objet d'un imparfait et insoutenable amalgame. Islam, islamisme et immigration maghrébine, renvoient, pour beaucoup, à la même réalité. L'apogée de cet amalgame apparaît quand le ministre de l'Intérieur promet à la France laïque un préfet musulman. Plus tard, en Irak, des illuminés exigeront de la France qu'elle retire la loi sur le voile, et pour l'y contraindre, retiendront deux journalistes français en otages.

La loi sur les signes ostensibles d'appartenance religieuse à l'école est devenue la loi contre le voile islamique, puis loi contre l'Islam. Comment peut-on ainsi mettre l'Islam en pointe pour une loi qui concerne toutes les religions ? Car après les contorsions de l'actualité, c'est la seule chose que l'histoire retiendra. La loi de 1905 sur la laïcité était-elle *contre* l'Église catholique ? Certainement ! Aujourd'hui, longtemps après le calme revenu, c'est une loi *pour* la République. Que les islamistes et autres extrémistes de tous bords saisissent ce prétexte pour semer la zizanie, cela se comprend. Mais que la presse française parle, elle aussi, de la loi sur le voile (*Le Point* du 2 septembre 2004), voilà qui démontre le degré de confu-

---

[26] Dounia Bouzar et Kada Saïda, *L'une voilée, l'autre pas*, Albin Michel, Paris, 2003.

sion et de fébrilité sur la gestion des apports de l'immigration et de l'Islam en particulier.

Livres noirs

L'année 2003 s'est achevée avec une France toujours étrangement muette sur l'autre composante problématique des minorités ethniques visibles, le Noir. Nul ne s'imagine un seul instant que le Ministre pense à un Mélanoderme, quand il brandit la promesse (ou peut-être le spectre, la menace, en tout cas pour certains) du préfet musulman. Et bien évidemment, il ne mesure pas la légèreté, sinon la perfidie consciente ou involontaire de ses propos, qui pourraient fort logiquement inciter les adeptes du vaudou dahoméen, de l'hindouisme cachemiri, du taoïsme cantonais, du bouddhisme tibétain, ou encore du kimbanguisme congolais, de l'animisme bamiléké, à réclamer eux aussi leur préfet confessionnel. L'histoire française semble faire du sur-place et l'on se croit revenu aux temps peu glorieux des colonies françaises et de l'Algérie en particulier, avec leurs quotas de cadres ethno-racialo-confessionnalo-indigènes.

Le débat sur les Noirs est totalement absent des préoccupations de la société. En ces temps de vaches maigres, même le mythe de *Fatou la Malienne*, les mariages forcés, la polygamie, ne font plus recette ou alors restent cantonnés en de rachitiques débats dans les maisons de quartier et les locaux associatifs des banlieues typées, où quelques rares et téméraires militantes les abordent encore entre deux rasades de bissap ou de gingembre arrosant un incandescent pastel ou un torride tieb ; rien que du réchauffé en somme.

Puis soudain, les choses se mettent à bouger.

Au début de l'année 2004, le monde éditorial français est secoué par des événements concomitants peu banals. La secousse est certes encore légère, et n'a rien à voir avec le raz-de-marée éditorial soulevé par l'islamisme et ses foulards. Mais ne faisons pas comme le héron gourmet de La Fontaine. Suivons plutôt les sages conseils de Philippe Delerm et ne boudons pas nos gorgées de bissap associatif ni aucun autre plaisir minuscule. En ce début d'année 2004, deux approches sur la situation des Noirs en France vont s'affronter avec un inégal succès éditorial, un accueil et des publics adeptes, à la différence bien tranchée [27].

Les enfants de Pharaon...

Une école qui revendique l'héritage de Cheikh Anta Diop – la négrité de l'Égypte pharaonique et de l'invention de la civilisation – poursuit un étrange discours sur la grandeur antique du Noir [28]. Nourris à la pensée afrocentriste apparue aux États-Unis dans les années 1960, ces adeptes de la tendance négrocentriste semblent évoluer dans une mouvance mystico-folklorique. Certains, d'origine antillaise, changent leurs noms comme Asante, un de leurs mentors négro-américains actuels, le conseille. «Asante incite ses lecteurs à se concentrer sur une série de rituels qui leur permettront de retrouver leur *africanité*. Cela passe par le changement du nom, de la

---

[27] La production éditoriale noire en France est très importante qui confirme le talent « artistique » que les pères de la Négritude avaient initié. On peut citer la valeur confirmée de Marie Ndiaye, la percée exceptionnelle de Fatou Diome, la production de la prolifique Calixthe Beyala, les romanciers comme Eugène Ebode, Abdouramane Waberi, Alain Mabankou..., de la poésie, des essais centrés sur les problématiques de développement dans les pays africains. Mais cette littérature, même quand elle est franco-française comme c'est le cas pour Marie Ndiaye, n'entre pas dans le champ historique ou social du débat sur la place des Noirs dans la société française.

[28] Jean-Philippe Omotunde publie au début de l'année 2004, aux éditions Menaibug, le troisième volume de ses recherches sur l'histoire nègre (La *Traite négrière européenne : vérité et mensonges*), dont les deux premiers sont parus chez le même éditeur en 2001 (*Origine négro-africaine du savoir grec*) et en 2002 (*Racines africaines de la civilisation européenne*).

33

façon de se vêtir [29]... ». Ils revêtent de nouvelles et ostenta-
toires identités africaines, ressuscitent un galimatias fait des
balbutiements rafistolés du *Black consciousness* du début de
la deuxième moitié du XXe siècle aux USA. Leur rhétorique est
la copie conforme, la traduction française de leur modèle
négro-américain. Manichéenne en diable, d'un autre âge et
pour une autre réalité, elle couvre le Blanc d'anathème, pare
le Noir de noblesse et de dignité, refait un monde bicolore
avec les Blancs d'un côté et les Noirs de l'autre.

L'un d'eux nous apprendra au cours d'une émission de la
radio Africa N° 1 sur les modèles des adolescents noirs en
France, que le modèle qu'il souhaite pour son fils né sur les
bords de Seine, d'un père d'origine camerounaise, ce modèle
c'est Marcus Garvey[30]. Il est vrai qu'il a lâché ce nom comme
on lâche un pet, un rot ou toute autre incongruité que l'on ne
peut plus retenir ; que l'homme ne pouvait plus retenir sous
la pression d'Ibrahim, le jeune journaliste. Le plateau composé de jeunes animateurs – Ibrahim et Huguette – et d'un
tout aussi jeune invité, Abou, tous Français noirs, a été littéralement sonné par ce choix d'un autre âge, comme modèle
pour l'adolescence noire de France.

Plutôt prolixe, ce courant crée ou investit les sites Internet
dits *blacks*, produit une littérature à travers laquelle, vaille
que vaille et avec une plume qui se veut vitriolée, il dénonce
« les ruses basses et odieuses jointes aux mensonges, aux
hypocrisies de toutes sortes et à la perfidie [31] » dont ferait
usage celui qu'il qualifie d'eurocentriste et dont il est cependant le pendant, la copie conforme mélanoderme (nous y
reviendrons plus loin). Il réclame des réparations pour la

---

[29] Clarence E. Walker, *op. cit.*, p. 144.
[30] Au cours de l'émission de radio, sur Africa N° 1, «les matins d'Eugénie», 9 décembre 2004.
[31] Jean-Philippe Omotunde, *op. Cit.*, p. 5.

Traite des Nègres, demande *qu'on donne* aux Noirs un secteur de France qu'ils vont développer, jure que le pays des Noirs n'est pas en Occident et que les Noirs s'en retourneront un jour vers la Terre promise, la noire Sion, l'Afrique. Les auteurs de cette phraséologie professent une (con)fusion totale entre Afrique et Noir, tout Noir étant africain de toute éternité, peu importe la durée de sa migration hors du continent. Les Noirs asiatiques, antillais et américains seraient tous et toujours africains.

Les enfants de Marianne

Face à ce courant, et c'est là le bond existentiel de la population noire de l'Hexagone, un autre apparaît, qui traite de la France et de ses Noirs. Tout simplement ! En cette aube de l'année 2004, sort en librairie une série de titres qui ouvre enfin la page de la prise en compte, dans l'édition et la lecture de masse, de la problématique des Noirs en France hexagonale. Cette littérature a en plus le mérite de la diversité, autant par les angles d'approche que par la personnalité des auteurs et des éditeurs. Mais tous revendiquent clairement une citoyenneté française qui transcende les couleurs, qui se mesure au degré de civisme et non de mélanine. Ils préconisent que l'on considère l'individu et non la race et que l'on fasse une autre lecture et un autre usage d'un passé regrettable fait de la Traite des Nègres et de la Colonisation. Ils affirment que l'on peut être Noir, bandit, cadre ou éboueur et français. Héritiers de Césaire, Fanon ou encore Tirolien. Ils se veulent humanistes, universalistes, comme leurs illustres aînés.

De manière quasi simultanée, Lilian Thuram le héros national, Fatou Biramah la journaliste, Abd Al Malik le rappeur repenti dans la spiritualité, et moi-même, le doyen, nous publions essais et récits sur la condition du Noir en France. Si le livre de Fatou Biramah, coécrit avec une consœur blanche, retrace une enquête journalistique sur un phénomène de société – la *confession d'un salaud* noir des banlieues[32] –, les autres textes partent de l'expérience personnelle des narrateurs pour construire un discours novateur et plein d'espoir. Le Noir français y revendique enfin de manière claire son appartenance à une France qu'il souhaite toujours plus généreuse, une France qui tende une oreille égale aux attentes de ses enfants venus de tous les horizons ethnoraciaux, cette France, son seul et unique pays qu'il convient de soigner s'il est malade d'hypocrisie et de racisme. À travers ces textes, on découvre un Noir qui, écoutant enfin le conseil de Frantz Fanon, ne veut plus être à côté de la France, mais à l'intérieur, en toutes circonstances, et pas seulement quand il s'agit de prendre les armes pour défendre la patrie en danger, gagner des matchs de football ou des combats de boxe.

« Qu'est-ce que cette histoire de peuple noir, de nationalité nègre ? Je suis français... Nous refusons de nous considérer comme *à côté*, nous sommes en plein dans le drame français... Je suis intéressé personnellement au destin français, aux valeurs françaises, à la nation française. Qu'ai-je à faire, moi, d'un Empire noir[33] ? »

Un peu plus tard, au début de l'année 2005, Serge Bilé se fera héraut de l'histoire du Noir, avec un essai historique[34] sur les Noirs dans les camps nazis. Safia Otokoré, la révélation politique, et Mamadou Dia[35] le jeune créateur de sportswear,

---

[32] Fatou, Biramah, *op. cit.*

[33] Frantz Fanon, *Peau noire, masques blancs*, Le Point, p. 164.

[34] L'essai de Serge Bilé *Les Noirs dans les camps nazis* (Serpent à Plumes, Paris, 2005) est historique à un double titre. D'abord parce qu'il traite de l'Histoire, mais aussi parce qu'il marque l'histoire du Noir en France, qui se saisit de son histoire et ne se contente plus de se positionner en opposition aux autres ou de laisser à ceux-là le soin de raconter sa propre histoire.

[35] Mohamadou Dia, *J'ai fait un rêve... Le destin d'un gosse de quartier*, Ramsay, Paris, février 2005.

chanteront cette France qui s'ouvre aussi aux Noirs. Assurément, le succès va aux cœurs grands et purs et ennoblit ceux qui en bénéficient.

La dynamique est lancée et j'espère qu'elle ne s'arrêtera plus, et que les Noirs se positionneront dans la citoyenneté française par le débat, comme le font les Arabo-Berbères à travers l'abondante publication qu'ils produisent. Le Néo-Nègre français voudrait que le Noir cesse de se dire français en jetant un coup d'œil de méfiance en arrière comme s'il craignait d'être entendu, parce qu'il serait un renégat, parce qu'il serait en train de trahir quelqu'un, ou quelque chose, de trahir une africanité indélébile, qui serait inscrite sur son épiderme ou tatouée en relief dans ses chromosomes.

Exorciser le Noir et le Blanc

Lilian Thuram – qui l'oubliera jamais ? – est le footballeur légendaire qui a propulsé la France en finale de la Coupe du monde de football de 1998, en marquant les deux buts contre la Croatie. Il est né à Anse Bertrand, un petit coin de Guadeloupe. «Souvent je me demande ce que serait devenu Lico, le petit garçon d'Anse Bertrand, si sa maman n'avait pas eu un jour le courage de déraciner sa tribu... pour l'emmener en France[36]». C'est simple, c'est spontané, c'est beau comme le cri d'un grand cœur. C'est la question fondamentale que se pose Thuram, surnommé Lico dans son enfance, en quatrième de couverture de son livre. Puis, en digne fils de son pays la France, il veut lui rendre hommage, lui manifester son amour filial, car «pour diverses raisons, nous n'avons pas toujours le temps de nous arrêter et de comparer notre quotidien à la réalité de la planète, de réaliser la chance d'être né

---

[36] Lilian Thuram, *op. cit.*

en France ou en Guadeloupe plutôt que dans un pays ravagé par les armes [37]». Ce livre lui en donne l'occasion. Il la saisit avec bonheur, humilité et filiale gratitude.

Mais pour se sentir à l'aise dans cette France multiraciale, on a le droit, que dis-je, le devoir de tout se dire. Un exorcisme est nécessaire, qui se propose au Noir et au Blanc. Cet exorcisme permettra à tous de panser les plaies d'un passé d'esclavagisme et de colonisation. Il ne s'agit pas d'oublier. Mais il ne s'agit pas non plus de falsifier les faits, d'édulcorer ou de minimiser la part des uns, les Blancs qui «se donneront le beau rôle avec l'abolition de l'esclavage, tout en minimisant leur responsabilité dans les déportations [38]»; et des autres, les Noirs qui évoqueront «les comportements des puissances occidentales en occultant les responsabilités des chefs cupides qui ont livré leurs propres frères noirs aux négriers [39]».

Lilian Thuram nous met aussi en garde contre l'angélisme qui pousserait à croire que les problèmes racial et colonial sont résolus. Est-ce que le Blanc et le Noir sont enfin convaincus de l'égalité des hommes et de la futilité de la notion de race? Le temps des expositions coloniales n'est pas si loin « quand des hommes et des femmes en provenance d'Afrique, d'Asie et d'Océanie, étaient présentés comme des animaux dans les zoos [40]». Un héros de l'épopée des Bleus, Christian Karambeu, portera à jamais dans ses entrailles l'inhumaine aventure de son aïeul. En 1931, cet homme et ses compagnons, pressentis pour jouer le rôle de *cannibales canaques* à l'Exposition coloniale de France à Paris, n'eurent même plus cet honneur, celui d'être des cannibales certes, mais néanmoins des humanoïdes. En effet, ils «furent envoyés en Allemagne et échangés

[37] *Ibid.*
[38] *Ibid.*
[39] *Ibid.*
[40] *Ibid*, p.

contre des crocodiles destinés à remplacer ceux de l'Exposition universelle française, décimés par un empoisonnement alimentaire[41] ».

Les traces de l'inégalité des hommes au détriment des Noirs sont encore présentes dans les esprits, même chez les plus jeunes générations. À six ans, le fils de Thuram, Marcus, refuse de manger des bananes, parce qu'il ne voudrait pas être un singe. Un petit Blanc de son âge, camarade de classe ou de jeu, a dû dans un accès de gamine colère lui révéler les angoisses racistes de son père: «Papa a dit que les Noirs sont des singes mangeurs de bananes», et comme la banane vient de Guadeloupe... Marcus avoue ensuite à son père qu'il pense que c'est mieux d'être blanc. *Qui pourrait lui dire le contraire aujourd'hui?*

Le travail de Thuram rompt avec les récriminations et les haines stériles que nourrissent certains Noirs en écho au racisme rétrograde, anachronique de certains Blancs, avec la culpabilité contreproductive qui conduit certains autres, non à considérer le Noir comme un homme, un adulte, mais comme l'inconsolable et sempiternel pleurnichard des champs de coton, de canne à sucre ou de banane, l'éternel descendant d'esclave et de colonisé. Je demanderai à mon fils, professe-t-il, « de ne pas faire porter la responsabilité de ces siècles d'histoire dramatique de l'Afrique sur toute une population blanche afin de ne pas entretenir une confrontation permanente[42] ». Et l'on croit entendre l'écho de Fanon: « Vais-je demander à l'homme blanc d'aujourd'hui d'être responsable des négriers du XVIIe siècle ? Vais-je essayer par tous les moyens de faire naître la Culpabilité dans les âmes[43] ? » L'enfant ne doit

[41] *Ibid*, p.
[42] *Ibid*., p. 115.
[43] Frantz Fanon op. cit., p. 186.

pas participer à cette guéguerre inutile et inhumaine, faite de récriminations stériles. Et aussi : « Je lui demanderai de ne pas revendiquer essentiellement un *statut* de descendant d'esclave, si cette idée lui venait à l'esprit, car il donnerait raison à ceux qui nient que l'Afrique a existé culturellement avant l'esclavage[44] », et aux Noirs essentialisés qui cantonnent leur histoire à ses pages sombres (j'ai failli dire: *à ses pages noires*), parce qu'il faudrait de toute éternité culpabiliser le Blanc. Alors que Thuram, « descendant d'esclave » refuse de cantonner son fils à cette identité, nous verrons plus loin comment certains descendants d'Africains usurpent cette hérédité comme s'il s'agissait d'une distinction.

Et l'on se demande avec Lilian : pourquoi les Espagnols et les Français ne sont-ils pas les anciens colonisés des Arabes qui sont arrivés à Poitiers, pourquoi les Grecs ne sont-ils pas présentés comme un ancien peuple dominé par les Romains ? Pourquoi les Japonais, les Chinois se réfèrent-ils si peu aux effets de la bombe atomique ou à la colonisation ? Existe-t-il en ce bas monde un peuple qui, dans son histoire proche ou lointaine, n'ait pas été esclavagisé ou colonisé ?

L'auteur le reconnaît cependant : « Cette lecture réclame une grande ouverture d'esprit[45] », cette ouverture d'esprit qui manque aujourd'hui à certains de nos concitoyens, Blancs et Noirs.

Je suis un homme

C'est le même credo humaniste, le même universalisme et la même reconnaissance envers la France, qui servent de fil conducteur au récit d'Abd Al Malik. Tout comme Lilian Thuram, c'est sa mère[46] qui le rapproche de son pays la France.

---

[44] *Ibid.*
[45] *Ibid.*
[46] Nous noterons que ce sont les femmes qui sont le plus souvent apôtres de l'intégration ou de la citoyenneté, que ce soit en association ou en famille. Parce qu'elles sont dans une double situation minoritaire –

«Désormais loin du Congo, ma mère se rapprocha de sa terre d'accueil. Elle voulait que l'on aime ce pays parce qu'elle savait que nous n'allions plus revoir *le sien*. Elle me répétait que si je l'aimais sincèrement, la France ne pouvait que m'aimer en retour[47].»

Nous noterons au passage, et ceci est loin d'être anodin, que l'auteur fait la différence entre le pays de *sa* mère qu'il n'allait plus revoir, et la France qui est terre d'accueil pour elle et terre natale pour lui et ses frères. Et l'on ne peut qu'apprécier à sa juste et triste valeur le sublime lapsus de l'éditeur qui, en quatrième de couverture, s'entête à qualifier la France de *pays d'accueil* de l'auteur. Alors on découvre avec amertume que c'est moins la jeunesse noire qui nie son appartenance à la nation France que les adultes qui l'acculent à être un rassemblement d'étrangers permanents.

Le gamin aux quatre cents coups de la cité est devenu un homme serein, grâce à l'Islam, et il demande à son Dieu de bénir cette patrie sienne, la France, parce qu'il la veut belle et digne, parce qu'il n'a pas une autre patrie, même si dans les quartiers et les écoles, les acteurs sociaux, les politiques et les enseignants s'entêtent à parler des vingt-cinq nationalités qui constituent ces espaces alors que souvent il n'y en a qu'une, la française. Même si en France aujourd'hui, les identités sont encore inscrites sur le faciès et non sur la réalité sociale. Et cette bénédiction qu'appelle Malik «embrasse dans un même élan, juifs, chrétiens ou laïcs[48]». Quant à lui, libéré de ses angoisses, il aimera tous les hommes, sans distinction de race ni de religion. Il sait maintenant que si la

comme femmes et comme noires – elles trouvent en la France un allié objectif qui les aidera à dissiper leur malaise. C'est aussi ce qui explique la marronnité des filles que nous décrivions dans le livre, *Je suis noir et je n'aime pas le manioc*.
[47] Abd Al Malik, Qu'*Allah bénisse la France*, Albin Michel, février 2004, P. 21.
[48] *Ibid*., quatrième de couverture.

Shoah n'a « touché qu'une fraction définie de l'humanité, elle concerne tous les hommes sans exception et au même degré ». Il en va évidemment de même pour l'esclavage ou la colonisation. Parce que quand on est homme, on est comptable de toutes les inventions mais aussi de toutes les bêtises humaines. Et là aussi, on ne peut s'empêcher d'avoir une pensée pour Fanon. « Je suis un homme, et en ce sens la guerre du Péloponnèse est aussi mienne que la découverte de la boussole[49]. »

Abd Al Malik a enfin compris, ce qui hélas n'est pas encore le cas pour une bonne partie de la France, qu'il ne faut pas rester figé dans le passé. Il l'a compris en regardant cette femme dans le complexe d'Auschwitz, qui lui montrait « l'endroit où elle avait travaillé comme une esclave... On sentait à sa sérénité quand elle évoquait ces terribles événements, qu'elle avait *choisi la vie*, comme dit la Torah, qu'elle n'était pas tournée vers le passé mais qu'elle enrichissait le présent de son souvenir[50.] » Tout est donc dans la capacité à se libérer du passé, sans rien renier, sans rien cacher, sans jamais oublier.

Quant à moi, j'exulte !

Ni bounty, ni cappuccino

Ma thèse simple selon laquelle tous les hommes sont des hommes avant d'être des « couleurs », semble révolutionnaire à certains. Mais je ne dis pas autre chose que Fanon, Malik ou Thuram, je ne revendique rien d'autre que d'être un homme et non un Noir. La parution de mon livre *Je suis noir et je n'aime pas le manioc*, en février 2004, a déchaîné les plus vives pas-

---

[49] Frantz Fanon, *op. cit.*, p. 182.
[50] Abd Al Malik, *op. cit.*, p. 184.

sions dans le Landerneau noir de France. D'un côté ceux qui m'encensent, de l'autre ceux qui me vouent aux flammes de l'enfer. On m'accuse de saper les efforts que les Noirs mènent depuis tant d'années pour se libérer de la domination blanche. On m'accuse de faire le jeu du Blanc et même des racistes blancs. Madame Beyala, grande prêtresse subite de la défense du peuple noir, accuse, balzacienne: « Depuis quelque temps, les racistes de France et de Navarre se frottent les mains. Le Pen se repose et compte les voix: Noirs et Arabes font le service[51]. »

Elle pourfend ces «Négrillons», ces « Nègres négrophobes, espérant que les miettes de pain blanc de la France bien-pensante atterriront dans leur bec[52]!». Et pour qu'il n'y ait pas erreur sur ces drôles d'oiseaux au bec bé, sur les pelés et les galeux de service, elle devient précise: «C'est ainsi que l'un proclame qu'il est Noir et qu'il déteste le manioc (condition *sine qua non* pour être accepté?) tandis qu'une poignée de Beurettes fait trembler les minarets en putes insoumises. »

Pauvres gamines, violées, mariées de force, lapidées et brûlées dans les cités! Pauvre Sohane, la vitriolée de Vitry! Pauvres martyrs de la bêtise! Pauvre Fadela dont le combat pour ces gamines est brocardé avec une légèreté dont on se demande comment un journal de bonne facture a pu l'assumer, et publier ces lignes nauséeuses dégoulinant d'une jalousie fétide, d'une haine putride, d'une ignardise colossale, d'une inconscience affligeante et d'une bassesse crasse. Ceci d'autant plus que dans le même journal, dans le même numéro, on peut lire que Gaston Kelman « fustige toutes les formes de racismes, clair ou rampant, diabolique ou angélique ». Kelman, suppôt des racistes ou combattant du racisme?, il faudrait peut-être choisir.

---

[51] Afrique Magazine n° 223, - avril 2004, une chronique de Calixthe Beyala, p. 96.
[52] *Ibid*.

Quant à moi, je voudrais me donner une seule et unique mission. Je voudrais participer à cet élan qui reste encore timide, étouffé par la logorrhée d'anathèmes et de rodomontades de ceux qui ont fait leur fonds de commerce de la différence basée sur la race ; de ceux qui ont fait leur fonds de commerce sur les jérémiades noires ou sur la supériorité blanche. Je voudrais m'inscrire dans la droite ligne de la pensée moderne noire qui est un vibrant appel à l'humanisme et à l'universalisme. Car je suis loin d'être un précurseur.

Je ne suis pas un précurseur

Humanisme ! ce concept a été de tout temps le leitmotiv de la pensée noire francophone du XXe siècle. Si le premier souci de ces écrivains a été de libérer le Noir de l'asservissement du Blanc, cette tâche accomplie – ou supposée telle –, ils ont décidé de libérer le Noir de lui-même. Le Noir devait cesser d'être un Noir pour devenir un homme. « Le Noir n'est pas un homme... Le Noir est un homme noir ; c'est-à-dire qu'à la faveur d'une série d'aberrations affectives, il s'est établi au sein d'un univers d'où il faudra bien le sortir... Nous ne tendons à rien de moins qu'à libérer l'homme de couleur de lui-même[53]. » C'est cette nouvelle mission que se sont donnée les écrivains noirs. Les aberrations affectives dont parle Fanon, sont les angoisses liées à l'esclavage et à la colonisation.

Césaire va promouvoir l'homme de l'universel[54]. Guy Tirolien ne voudrait plus s'enfermer dans cette négrité exotique qui l'étouffe et revendique d'écouter Beethoven malgré les tumultes de ceux qui voudraient le renvoyer à ses rythmes originels que seraient de prétendues musiques

---

[53] *Ibid*, p. 6.
[54] Aimé Césaire, *Cahier d' un retour au pays natal*, Présence Africaine, 1939.

noires, comme si l'art était une couleur[55]. Francis Bebey nous exhorte à regarder devant, car c'est vers cette direction que Dieu a placé les yeux[56].

Et puis Fanon vint!

« En toute sérénité, je pense qu'il serait bon que certaines choses soient dites. Ces choses, je vais les dire... Pourquoi écrire cet ouvrage? Personne ne m'en a prié. Surtout pas ceux à qui il s'adresse[57] », les Noirs, bien entendu! C'est en ces termes que Frantz fanon introduit son premier livre, *Peau noire, masques blancs.*

Dans cet ouvrage, il y a une cinquantaine d'années, Fanon avait exprimé pratiquement la même chose que moi sur la place, le comportement et le rôle du Noir dans la société française. Ma première lecture de Fanon remonte aux années 1970, à ma post-adolescence, à mes premières années d'études universitaires, comme étudiant en littérature en Angleterre. Mon âme bouillonnait alors de la révolution nègre en ces années Angela Davis où nous construisions la Nation noire – ou mieux, une *Black Nation* – à grands coups de révoltes négro-adolescentes, les yeux rivés sur le modèle américain.

J'avais juste vingt ans. Ma quête de maîtres à penser nègres me jetait dans les voies des revendications négro-américaines qui n'étaient pas miennes, tout comme la jeunesse française noire aujourd'hui se fourvoie dans le romantisme afrocentriste négro-américain. J'avais juste vingt ans et personne pour me sortir de mes angoisses raciales par le haut. Le Noir d'Afrique avait depuis des lustres intégré la supériorité du Blanc. Ma jeu-

---

[55] Guy Tirolien, *Balles d'or*, Présence Africaine, 1961.
[56] Francis Bebey, *Le Fils d'Agatha Moudio*, Clé, 1976.
[57] Frantz Fanon, *op. cit.*, p. 5.

nesse en était révoltée et se nourrissait des discours fracassants de certains Noirs américains. Ils vivaient des réalités qui n'étaient pas les miennes africaines, mais ils avaient le mérite de porter des revendications nègres, et de promouvoir, comme le voulait ma jeunesse, un monde manichéen en noir et blanc. Bien évidemment, je pensais à tort, comme beaucoup de jeunes de ma génération et des générations antérieures, qu'il y avait *un* problème global noir qui transcendait les nationalités, là où il n'y a que la bêtise humaine qui uniformise le vécu d'un milliard d'individus noirs, disséminés sur tous les continents du globe. Évidemment, j'adorais Malcolm X et j'abhorrais Martin Luther King. Je vivais au quotidien dans la prison des *Soledad Brothers* et me gavais des prêches incandescents de Stokely CarmicKael et Eldrige Cleaver ou Boby Seal.

Le testament d'un damné de la terre

Frantz Fanon est né à Fort-de-France en 1925 et est mort à Washington en 1961. Écrivain humaniste, il deviendra l'un des plus ardents combattants anticolonialistes de sa génération. Ses œuvres littéraires maîtresses sont sans conteste *Peaux noires, masques blancs* et *Les Damnés de la terre*.

Mourir à 36 ans quand on a le talent et la générosité de Fanon, c'est déjà une perte immense pour l'humanité. Mourir à 36 ans pour vivre l'éternité cauchemardesque d'incompréhension, de travestissement et de trahison de sa pensée par une négrité tonitruante, souvent fourvoyée par d'ineptes et hypocrites maîtres noirs du prêt-à-penser, ou par de blancs amis des Noirs, c'est un destin que ne méritait pas Frantz Fanon.

Pour beaucoup de Noirs, Fanon aurait clamé *urbi, orbi et scripturis*, sa fierté d'être noir, ne se serait jamais revendiqué français. Il défendrait une culture noire immuable. Pour

Fanon, nous dit-on, tout Noir ne peut être rien d'autre qu'un Africain. Il aurait maudit les Blancs, les seuls responsables de la situation actuelle de l'homme noir, puisqu'ils l'avaient esclavagisé, colonisé, néocolonisé, puisqu'ils ne voulaient pas de lui dans leur pays, etc.

La mission que Fanon se donne dans cet essai est claire : « Aider le Noir à se libérer de l'arsenal complexuel qui a germé au sein de la situation coloniale[58]. » Mais déjà, parce que le Noir n'est pas seul dans cette affaire, apparaît la pensée humaniste et universaliste que l'on retrouvera chez les maîtres de la négritude. « *Je veux vraiment amener mon frère, Noir ou Blanc, à secouer le plus énergiquement la lamentable livrée édifiée par des siècles d'incompréhension[59]* »

Pour Fanon, le Blanc et le Noir, sont également ses *frères*. Et il va beaucoup plus loin, en disant que « *le Nègre n'est plus. Pas plus que le Blanc. Tous deux ont à s'écarter des voies inhumaines qui furent celles de leurs ancêtres respectifs afin que naisse une authentique communication[60].* ». Il voudrait être tout simplement un homme, et cette revendication est la colonne vertébrale de son essai, parce qu'il sait que Noir et Blanc, juif et Aryen, sont autant de créations hybrides qui ne prennent un sens réel que quand l'homme cesse d'être un homme pour devenir un loup, un prédateur, mû par de bas instincts de la recherche d'une survie égoïste et barbare.

Fanon s'adresse à cette population française dont il est appelé à partager le destin. Il voudrait que tous les citoyens français, Blancs et Noirs, ses frères, réussissent à se libérer des angoisses du passé et des fantasmes d'une fraternité qui serait raciale. Et ceci est possible grâce à *une authentique communi-*

[58] *Ibid*, p. 24.
[59] *Ibid*, p. 10
[60] *Ibid*, p. 187. Ceux qui seraient tentés de m'accuser d'avoir sorti ce propos de son contexte ; ceux qui penseraient que Fanon fait de l'ironie, je les renverrai à la conclusion de son essai.

47

cation qui étouffera les peurs et les ignorances. Au cas où quelques esprits chagrins ne l'auraient pas bien compris, il prend carrément l'artillerie lourde.

« Qu'est-ce que cette histoire de peuple noir, de nationalité nègre ? Je suis français. Je suis intéressé à la culture française, à la civilisation française, au peuple français. Nous refusons de nous considérer à-côté, nous sommes en plein dans le drame français. Quand des hommes... ont envahi la France pour l'asservir, mon métier de Français m'indiqua que ma place n'était pas à côté, mais au cœur du problème. Je suis intéressé personnellement au destin français, aux valeurs françaises, à la nation française[61] ». Pitié pour les négrocentristes de tout poil !

Puis sonne l'estocade : « Qu'ai-je à faire, moi, d'un Empire noir[62] ? » Il n'en a rien à faire parce qu'il n'existe pas ; parce que c'est un miroir qui piège certaines alouettes noires. Il convient que nous sortions de cette image du Noir dont Fanon pense qu'il doit, « qu'il le veuille ou non, endosser la livrée que lui a faite le Blanc[63] ». Quand l'homme noir se considère comme un Noir, il doit savoir qu'il correspond à cette image stigmatisée et généralisante que le Blanc a créée pour le déterminer. Le « Noir à qui l'on demande d'être négro... doit se présenter d'une certaine manière... victime éternelle d'une essence, d'un *apparaître* dont il n'est pas le responsable[64] », car, « de l'homme, on exigeait une conduite d'homme. De moi, une conduite d'homme noir[65]. »

La mission de l'intellectuel noir, cette mission que Fanon accepte de mener, c'est de libérer le Noir de lui-même. Pour cela, il faut dire les choses clairement. Au risque d'encourir le ressentiment de ses frères de couleur, il va prendre position

[61] Frantz Fanon, *Op. cit.* p. 164.
[62] *Ibid*, p. 164.
[63] *Ibid*, p. 27.
[64] *Ibid*, p. 27.
[65] *Ibid*, p. 92.

sur un certain nombre de sujets : le comportement de l'intellectuel noir, la relation du Noir avec le passé, le thème de l'esclavage et des réparations. Nous allons présenter un florilège de citations tiré des écrits de Fanon, pour qu'il n'y ait aucun doute sur la position du maître.

L'intellectuel noir remplit-il sa mission d'aider le peuple à se libérer? On pourrait plutôt dire qu'il est loin du compte puisqu'il est lui-même dans une aliénation mentale qui lui fait accepter le portrait caricatural que le Blanc a tracé de lui : un être enfermé dans sa couleur et loin de l'approche humaniste qui pour Fanon est la seule voie possible.

« Lorsque parvenu à l'apogée du rut avec son peuple, l'intellectuel (noir) décide de retrouver le chemin de la quotidienneté, il ne ramène de son aventure que des formules terriblement infécondes. Il privilégie les coutumes, les traditions, les modes d'apparaître et sa quête forcée, douloureuse ne fait qu'évoquer une banale recherche d'exotisme. C'est la période où les intellectuels chantent les moindres déterminations du panorama indigène. Le boubou se trouve sacralisé, les chaussures parisiennes ou italiennes délaissées au profit des babouches.... Retrouver son peuple c'est quelquefois dans cette période vouloir être nègre.... Un véritable nègre, un chien de nègre, tel que le veut le Blanc[66] ». Pitié pour les chantres du boubou-nègre, du nom-nègre, pitié pour les chiens de nègres. Et ici, nous sommes dans *Les Damnés de la terre,* que certains considèrent comme un plaidoyer anti-blanc, alors que c'est une mise en garde au Nègre : que vas-tu faire de ton indépendance? Vas-tu créer des nations ou te prélasser dans le fantasme de l'africanité? Vas-tu jouer à l'éternel Nègre, alors que le Nègre n'existe pas?

---

[66] Frantz Fanon, *Les Damnés de la terre,* p. 210.

Quelle relation devons-nous entretenir avec le passé? « Que surtout l'on comprenne. Nous sommes convaincus qu'il y aurait un grand intérêt à entrer en contact avec une littérature ou une architecture nègres du IIIᵉ siècle avant Jésus-Christ. Nous serions très heureux de savoir qu'il exista une correspondance entre tel philosophe nègre et Platon. Mais nous ne voyons absolument pas ce que ce fait pourrait changer dans la situation des petits gamins de huit ans qui travaillent dans les champs de canne en Martinique ou en Guadeloupe[67]. » Le passé, plus ou moins lointain, peut servir de référence mythologique ou de repère de la mémoire du groupe. Mais l'essentiel reste le présent qui n'est pas une copie du passé mais une réalité parfois dramatique malgré la grandeur du passé. «Je ne me fais l'homme d'aucun passé. Je ne veux pas chanter le passé aux dépens de mon présent et de mon avenir[68]. » Pour cela, il ne faut pas être «esclave du passé», il ne faut pas «tirer du passé des peuples de couleur (sa) vocation originelle[69]. » Le Noir et le Blanc sont concernés par la nécessité d'avoir une attitude détachée par rapport au passé. «Seront désaliénés, Nègres et Blancs qui auront refusé de se laisser enfermer dans la Tour substantialisée du passé[70] ». Pour le Noir, se libérer de la «Tour substantielle », c'est se libérer de l'esclavage, mais aussi resituer l'ère pyramidale à sa vraie place, celle de vestiges de l'histoire. Pour le Blanc, il s'agit de sortir de sa puissance d'esclavagiste et d'arrêter de voir le Noir comme un ancien (et potentiel) esclave mais plutôt comme un homme, un voisin, un frère.

Au cours d'un voyage à Madagascar en juillet 2005, le président français Jacques Chirac a voulu rejouer l'air hypocrite de la

---

[67] Frantz Fanon, *Peau noire, masques blancs*, p. 187.
[68] *Iibd.*
[69] *Iibd.*
[70] *Iibd*, p. 183.

larmoyance dont sa génération ne réussira jamais à se défaire. « Il faut évoquer les pages sombres de notre histoire commune et avoir conscience du caractère inacceptable des répressions engendrées par les dérives du système colonial[71] ». Le président s'attendait certainement à une ovation du peuple auquel il octroyait la repentance française. La réponse de son homologue local a été magistrale de dignité, de justesse et de sincérité : « C'est du passé. Je suis né en 1949, et non en 1947. Je pense à l'avenir[72] ». Par contre, comme le souligne le *Canard Enchaîné*, ce qui reste en travers de la gorge du Malgache, ce n'est pas le brutal et sauvage bain de sang infligé par la France à son pays en 1947. Ce qui lui reste en travers de la gorge, c'est de savoir que Chirac, en se complaisant dans la larme saurienne, continue à mépriser son peuple et à le resituer dans son état de 1947, un pays sur lequel il doit faire peser l'influence française comme s'il n'avait jamais été souverain. Ce qui fait problème aujourd'hui, ce n'est pas le massacre de 1947, «c'est la crise diplomatique de 2002, lorsque Chirac a mis plusieurs semaines à reconnaître son élection et s'est entêté à soutenir le président sortant», dictateur corrompu qui, bien que battu dans les urnes, voulait passer outre le verdict de cette démocratie que défend la France sur son propre territoire.

Que penser de l'esclavage et des réparations ? L'esclavage en aucune façon ne doit être considéré par le Noir comme une éternelle actualité. Il convient plutôt d'en sortir, non par l'oubli, mais par le combat permanent pour que cela ne se reproduise plus jamais. Ce combat est l'héritage de tous les hommes, pas celui du Noir pour l'esclavage ou celui du juif pour la Shoah. « Si à un moment la question s'est posée pour moi d'être effectivement solidaire d'un passé déterminé, c'est dans la mesure où

---

[71] *Le Canard enchaîné*, mercredi 27 juillet 2005, p. 8.
[72] *Iibd.*

I - Le printemps des minorités noires

je me suis engagé envers moi-même et envers mon prochain à combattre de toute mon existence, de toute ma force pour que plus jamais il n'y ait, sur la terre, de peuples asservis[73].» Et quand on en est sorti, on peut alors dire: «Je ne suis pas esclave de l'Esclavage qui déshumanisa mes pères[74].» Car si l'esclavage physique est infâme, l'enfermement dans le trauma de l'ancien esclave, maintient dans la fragilité. Quant au thème des réparations, la position de Fanon est nette: « Je n'ai ni le droit ni le devoir d'exiger réparation pour mes ancêtres domestiqués... Vais-je demander à l'homme blanc d'aujourd'hui d'être responsable des négriers du XVIIe siècle[75] ? » Il appartient à l'homme blanc humanisé de dire *mea culpa* dans la langue de son choix et *plus jamais ça*. Les réparations permettent-elles l'établissement du respect et de l'égalité? On peut en douter puisque les *mea culpa* répétés de Chirac n'ont empêché ni la partition de la Côte d'Ivoire, ni le manque de respect au peuple malgache.

À la fin, on débouche sur un constat tout simple, un constat qui s'impose par sa banalité, son évidence. «Non, je n'ai pas le droit d'être un Noir[76] », parce que «le Nègre n'est pas, pas plus que le Blanc. Tous deux doivent s'écarter des voies inhumaines qui furent celles de leurs ancêtres respectifs[77]. » Et si quelqu'un « conteste mon humanité, je lui montrerai, en faisant peser sur sa vie tout mon poids d'homme, que je ne suis pas ce *y a bon banania* qu'il persiste à imaginer[78] ». Mon poids d'homme, pas de Noir.

---

[73] Franck Fanon, *Peau noire, masques blancs*, p. 184.
[74] *libd.*, p. 186.
[75] *libd.*, p. 185, 186.
[76] *libd.*, p. 185.
[77] *libd.*, p. 187.
[78] *libd.*, p. 185, 186.

II - LES ANGOISSES CAUCASIENNES
OU LE VIEIL HOMME ET LA HAINE

> L'ère de la décolonisation a ouvert à l'ancienne race supérieure, la possibilité de porter sur les autres habitants du globe ce regard différent, voulu par Fanon. Mais potentialité n'est pas réalité. Il y a encore de la route devant nous pour nous débarrasser du Vieil Homme[79]

Les relations contemporaines entre le Noir et le Blanc ont été déterminées par les deux pages tragiques de notre histoire commune, l'esclavage et la colonisation. En ce qui concerne la France, on ajoute souvent un peu hâtivement, il faut dire, un troisième acte à ce drame. C'est le choix de l'importation d'une main-d'œuvre subalterne. En effet, il convient

[79] Alain Ruscio, *Le Credo de l'homme blanc*, Complexe, Bruxelles, août 2002, p. 354.

pour être honnête, de rappeler que ce sort n'a pas été réservé aux seuls Noirs et Maghrébins. Ce qui ne dédouane en rien les élites françaises dans leur incapacité à sortir de la séparation entre ceux d'en haut et ceux d'en bas.

Contrairement à ce que j'ai longtemps cru, ce n'est pas une logique raciste – le racisme réel de la colonisation n'est pas présent ici – qui a été à la base du choix de la main-d'œuvre des anciennes colonies africaines. Comme pour tous les autres courants migratoires, italiens, polonais, portugais, donc blancs, c'est une logique économique qui a conduit le patronat à toujours rechercher une main-d'œuvre étrangère subalterne et, de préférence, d'origine rurale, pour travailler dans les mines, les chantiers et la voirie.

« Les politiques patronales de recrutement..., à toutes les époques, ont visé des régions et des pays pauvres, fournisseurs d'une main-d'œuvre bon marché et, en certains cas, docile... Polonais... Italiens. » Parfois, *l'étranger* ne vient pas de bien loin. En effet, «les Bretonnes n'étaient pas plus habiles que d'autres au maniement du plumeau et de la serpillière. Elles étaient plus pauvres au début du XXe siècle, précédées d'une réputation de bêtasses, préjugé raciste qui en faisait des Bécassines[80] ». Évidemment, le *préjugé raciste* est ici un peu galvaudé, à se voir appliqué à la «race» bigoudène ou bécassine.

Ces pages qui ont déterminé un type de relation entre les Noirs et les Blancs sont regrettables. Mais plus regrettable encore est le fait que nous n'arrivons pas à en sortir. Il est impératif que nous sortions de l'angoisse causée par ces pages de l'histoire, si nous voulons qu'une réelle égalité et un respect mutuel s'instaurent entre les races qui peuplent désormais la France. Mais beaucoup d'entre nous, notamment parmi les

[80] Le journal *Marianne* du 2 au 8 octobre 2004, p. 60.

Noirs, pourtant victimes de cette situation, semblent éviter cette révolution qui les priverait de l'une des constituantes de leur personnalité de descendants d'esclaves et de colonisés ; qui les priverait de leur vitale jérémiade ; comme l'hypocondriaque évite le remède salutaire. Et le Blanc trouve dans cet apitoiement et cette culpabilité qu'il traîne, la certitude de sa toute-puissance qui réduit l'histoire du Noir à quatre siècles d'oppression, rien avant et rien après.

Il y a plus de cent cinquante ans, la France sortait péniblement de la Traite des Noirs. Si les abolitionnistes se félicitaient de ce bond en avant de l'humanité, il s'est trouvé des voix pour dire que l'abolition n'était nullement une déclaration universelle des droits de *tous* les hommes et de l'égalité des races ; que l'abolition n'était pas la reconnaissance de l'égalité des races. Il s'agissait tout simplement du constat platement matérialiste, économique et nullement humaniste, que la Traite des Nègres n'était plus rentable. Des raisons économiques avaient poussé à cette barbarie. Des raisons économiques inverses exigeaient désormais que l'on en sortît. Les découvertes de la science permettaient désormais d'utiliser des machines beaucoup plus performantes que les esclaves. Ce n'est pas parce que l'homme enlève le joug à la vache et remplace celle-ci sur les sillons par le tracteur agricole, que la vache devient l'égale de l'homme... N'exagérons rien !

Pas plus que l'abolition de l'esclavage, la décolonisation n'a sonné le glas de ce qu'Alain Ruscio appelle le « Credo de l'homme blanc [81] », qui se fonde sur l'inégalité supposée des races et la supériorité de la race blanche. Il est indéniable que l'humanité a réalisé de grandes avancées sur ce sujet. Même les Blancs de l'Afrique du Sud ont été contraints de mettre fin

---

[81] Alain Ruscio, *op. cit.*

à l'apartheid, tout comme le Ku Klux Klan n'est plus la référence en matière de relations interraciales dans le Sud des États-Unis. Mais je n'imagine pas que le plus naïf des hommes pense que tous les Blancs de l'Afrique du Sud ou du Sud des USA se sont convertis comme par enchantement à l'égalité des races. La fin de l'esclavage et de la colonisation a souvent donné lieu à l'émergence de comportements plus subtils et donc plus mesquins.

Potentialité n'est pas réalité. Louable intention n'est pas réalisation...

Pour des Noirs et des Blancs, l'inégalité des races reste ancrée dans l'inconscient collectif qui se manifeste par le complexe d'infériorité et de rancœur du Noir –, essentiellement celui d'Afrique et de la majorité des parents noirs de France, nés sur le continent noir – et le sentiment de supériorité et de culpabilité du Blanc.

La seconde tâche qui attend un auteur jugé polémique, après son travail de recherche, est celle de prendre connaissance du courrier de ses lecteurs. Plus ce courrier est abondant, plus les prises de position – félicitations enflammées ou attaques vitriolées – sont tranchées, plus l'auteur peut estimer avoir atteint son objectif. Nous analyserons ci-dessous différents types de comportements, des plus bruts aux plus subtils, des plus anachroniques aux plus branchés, qui sont les héritages d'un passé qui n'en finit pas de réguler les relations raciales des Français.

Le vieil homme et la haine

Un jour d'août 2004, je reçois un courrier dont le positionnement raciste est d'une limpidité d'eau de source. L'été est pourri. Je rentre d'une Bretagne fidèle à elle-même où l'été est encore plus pourri qu'en région parisienne. Je rentre d'une Bretagne fidèle à elle-même où le père d'une amie a refusé de me saluer parce que je suis noir, en lui disant : « Ramène ça où tu l'as trouvé. » *Ça*, c'est votre serviteur, Gaston Kelman, quinquagénaire citoyen présumé intègre, père de famille, militant de l'égalité.

Cet homme octogénaire ne sortira jamais de la conviction de la supériorité du Blanc sur le Noir. Sa génération disparaîtra avec ses fausses certitudes. Elle y a trop longtemps macéré pour que le parfum nostalgique de ses convictions anachroniques puisse jamais le quitter. D'entendre l'ancienne professeur de mon amie lui dire sur le ton de la blague qu'on aurait dû répliquer à cet homme que l'on avait pris *ça* en solde, et que *ça* n'était ni repris, ni échangé, me réconcilie un peu avec cette terre qui a élu l'un des rares maires noirs que l'Hexagone ait jamais connus, cette Bretagne ambiguë, chère à Koffi Yangnane autant qu'à Jean-Marie Le Pen.

La lettre qui m'est adressée se conclut ainsi :

« *Bravo pour votre livre ; vous vouliez le débat, dites-vous, je vous l'apporte* ».

Cet homme m'apporte le débat, et quel débat ! Et parce qu'il porte fier ses convictions, il n'omet pas de me communiquer ses nom et coordonnées, ce qui ne sera pas le cas pour bien d'autres courriers racistes, dont un que nous analyserons plus loin ; son expéditeur – plus jeune – a préféré l'anonymat. La tentation pour moi est très forte de reproduire la totalité de cette épître de six pages, à cause de l'intensité de son propos. J'essayerai d'en extraire l'essentiel.

Cher Monsieur, Je viens de lire votre livre « Je suis noir et je n'aime pas le manioc », avec beaucoup d'intérêt, même si je ne suis pas d'accord avec la majorité des thèses que vous exposez.

À ce niveau, je me dis qu'il n'est pas le seul et qu'il illustre parfaitement l'idée que je me suis faite de mes lecteurs, que je regroupe en quatre catégories bien distinctes : les pour et les contre ; les partiellement-pour et les partiellement-contre. Je ne m'attendais pas au consensus. J'ai simplement espéré que le débat s'ouvrirait et que les positionnements des uns et des autres permettraient de faire avancer les choses.

En ce qui concerne les gens de votre race, j'ai toujours utilisé le mot « nègre » pour vous désigner. Je n'y ai jamais attaché la moindre notion péjorative ou humiliante.

Je ne sais pas encore à quelle génération appartient cet homme. Je suis entièrement d'accord avec lui quand il dit que les gens de ma race sont des Nègres. Je pense en effet qu'il a été malsain de se défaire de cette appellation, justement parce que, contrairement à mon correspondant, les gens de sa race y ont attaché une *notion péjorative et humiliante*. Quant à moi, J'ai toujours fustigé ces édulcorations linguistiques qui ont transformé le « Nègre » en « Noir », en « homme de couleur », puis en Black, puis en Kébla, puis en renoi, parce qu'il serait incapable de porter son histoire.

Il y a environ trois millions d'années naissait «Lucy», notre ancêtre à tous. Selon l'avis de la majorité des spécialistes, sa peau devait être noire et son aspect négroïde. S'il en est ainsi, vous êtes, en tant que Nègres, les représentants les plus anciens de l'espèce humaine.

En ces temps où le compliment à l'homme nègre se fait rare, et puisque je rejette cet autre compliment selon lequel j'aurais le rythme et le sprint dans le sang, que ce Monsieur me reconnaisse le mérite d'être le représentant le plus ancien de l'espèce humaine, me va droit au cœur. Je me dis alors, un peu hâtivement peut-être, que nous sommes faits pour nous entendre.

Il nous faut maintenant... arriver à la période à laquelle l'homme, abandonnant la chasse et la cueillette, se consacra à l'élevage et à l'agriculture; cette révolution ne se produisit qu'il y a dix mille ans... et elle ne concerna pas toutes les différentes couches de l'humanité dans le même temps. De nos jours, il existe encore quelques tribus qui n'ont même pas accédé à ce stade de développement (Afrique noire, Amazonie, Indonésie).

De savoir qu'il y a, en Afrique, des tribus qui sont en retard de plus de dix milles ans sur l'évolution, me contrarie un peu. Je me console en me disant que, pour une fois, l'Afrique n'est pas seule sur le hit-parade inversé de l'humanité, que l'on y trouve aussi l'Asie et l'Amérique. J'observe que seul le continent européen en est absent. Pourtant, en cherchant bien, on trouvera en Europe des groupes dont la primitivité des modes de vie les rapproche certainement plus du pygmée et de l'aborigène que du cadre d'Abidjan, de Tokyo, de Detroit, de Yaoundé, de Londres ou de Paris. C'est le cas notamment de ces aborigènes bien européens qui vivent dans les tout aussi européennes et roumaines Carpates.

Parler des Blancs (ou d'une race blanche) est tout à fait logique, dans le sens où il est tout à fait impossible de distinguer un Américain d'un Australien, un Canadien d'un Espagnol ou un Suédois d'un Grec.

59

Quoi que puisse penser cet homme, si l'unité raciale de l'Occident repose sur la similitude morphologique, pour ma part, je distingue très aisément le Turc du Suédois, le Portugais de l'Australien, l'Algérien[82] de l'Anglais. En ce qui concerne l'unité cultuelle, la Turquie, *handicapée* par l'Islam – l'on connaît l'importance de la religion dans la construction des identités – , peine à rentrer dans l'Europe, dont les dirigeants se tortillent les méninges à inventer des prétextes palatables pour l'écarter de ce club des peuples chrétiens. Je ne parle même pas des modes de vie si spécifiques des gens du voyage ou des Carpates. Mais il serait intéressant désormais d'observer avec le recueillement qu'il mérite, le crescendo sinusoïdal du racisme primitif de mon correspondant, jusqu'à l'explosion finale de l'homme torturé.

Nous (Européens) avons tous en commun nos châteaux, nos palais, nos cathédrales, nos religions, nos philosophies et notre culture tant artistique qu'artisanale... Notre civilisation est très différente de toutes les autres (je parle, bien entendu, des Asiatiques et des Orientaux, car l'Afrique noire n'a pas encore accédé à ce niveau, sortant à peine de la préhistoire)... Quant à parler des noirs (encore moins d'une race noire), c'est tout simplement se moquer du monde... En ce qui les concerne, ce n'est pas d'une race qu'il faut parler, ni de dix, ni même de cent, mais probablement de plusieurs milliers. Jamais deux Pygmées ne donneront naissance à un Kotoko; deux Kotokos ne donneront jamais naissance à un Bororo... etc..., etc.

Ici, l'emploi du vocable «kotoko» est révélateur, les choses s'éclaircissent dans mon esprit. Mon correspondant doit être

---

[82] Dans les nouvelles distributions, l'Algérien fait-il seulement encore partie de la race blanche?

d'un âge avancé. Il doit avoir servi aux colonies et précisément au Cameroun. Il devait appartenir aux services d'État civil. Il me permet de comprendre pourquoi sur mon acte de naissance et sur ceux des personnes nées en Afrique pendant la colonisation, était reprise la notion de *race* en lieu et place de ce que nous appelons aujourd'hui les « ethnies » ou même les « tribus ». Malgré les démonstrations scientifiques irréfutables et l'évolution des rapports entre les personnes de différentes couleurs, comme la multiplication des mariages mixtes en France, les convictions de cet homme sont restées intactes depuis la colonisation, quand elles ne remontent pas plus loin, s'inspirant des théorisations opportunistes sur l'inégalité des races. La pensée de cet homme est restée fidèle au schéma de la supériorité de la race blanche.

Vous vous offusquez du fait que l'on « ne pousse pas des cris effarouchés quand Sarkozy, Balladur, Gomez, Fernandez, Platini se réclament fort logiquement de la France »... Cela n'a pourtant rien d'étonnant du fait que la Hongrie, la Turquie, le Portugal ou l'Italie ont les mêmes racines européennes. Ils sont tous européens, ce qui leur permet de s'intégrer parfaitement dès la seconde génération (c'est-à-dire dès que la barrière de la langue a été franchie)... Aucun de leurs enfants n'a été « beur ».

Dans la lointaine école élémentaire de mon enfance, en cours de géographie française, on m'apprenait que les Arabes étaient des Blancs. Aujourd'hui, nous observons la disparition de la race Jaune grâce au respect qu'on accorde de plus en plus aux peuples qui la composent. On est loin du racisme dont ils étaient victimes au même titre que les Noirs, durant la colonisation, avec des appellations comme *la vermine jaune*. La stigmatisation de l'Islam et son intégrisme teigneux font apparaître une race

61

arabe. Ainsi, on peut concevoir que pour cet homme, le Beur, jadis blanc, devienne tout simplement beur et ne puisse être européen comme le rital ou le polack, même quand la « barrière de la langue a été franchie». L'Arabe n'est plus blanc, il est arabe. Une nouvelle race est née. La nature a indubitablement horreur du vide, même partiel.

Mais continuons, pour l'instant, à écouter notre homme. La France et l'Europe seraient-elles terres de Blancs? là aussi la position est nette.

Vous parlez de votre patrimoine, comme si vous en aviez un... Notre patrimoine à nous, Français de souche ou Européens de vieille date, c'est l'Europe, en général, et la France en particulier; mais ni l'Europe ni la France ne nous appartiennent. Nos générations actuelles ont pour devoir de le transmettre intact (et si possible amélioré) aux générations futures, et non de le dilapider au bénéfice de peuples totalement étrangers à la construction de cette œuvre magnifique. Comme vous le dites très justement page 96, «on se sent plus à l'aise dans ce milieu», celui des Blancs, mais vous oubliez que vous n'avez rien fait pour le construire, pas plus que vos ancêtres, et on se demande bien de quel droit vous prétendez en profiter ainsi que votre marmaille... Ma fille, issue d'un couple français de souche, est née en Afrique... Cela n'en fait pas pour autant une Africaine! Elle est née au Cameroun, cela n'en fait pas pour autant une Camerounaise.

Il est intéressant de constater à quel point ce raisonnement simpliste rejoint celui de beaucoup de Noirs: nous ne pouvons pas être français, disent-ils, parce qu'ils ne veulent pas de nous. Un internaute antillais s'opposait à ma bourguignonité et à ma revendication de la citoyenneté française en me rappelant ce proverbe : «Le long séjour d'un tronc d'arbre dans la rivière ne le transforme pas pour autant en crocodile. » Ainsi, cet Antillais – qui n'est peut-être pas antillais, car il pourrait être né en région parisienne, ou dans le Nord-Pas-de-Calais – lui dont les ancêtres étaient français longtemps avant certaines régions hexagonales, continue à penser qu'il ne peut pas être français, parce qu'il est noir.

Je poursuis la lecture des commentaires passionnés de mon critique improvisé quand apparaît, au détour d'une phrase, la crainte suprême de l'homme caucasien : vivre au quotidien le cauchemar de voir son groupe pollué par le mélange avec les races inférieures. Et à cause de cette sourde menace, à cause de cette *honte noire* qui a traumatisé les Germains[83] et qu'il honnit de toute son âme, le vieil homme perd son sang-froid. J'avais émis l'hypothèse, effectivement, que si l'on rendait les mariages mixtes obligatoires, on atteindrait assez rapidement une unité raciale qui battrait en brèche le racisme. Il s'agissait là d'une simple boutade, fidèle au ton provocant de mon texte, et en aucun cas d'une apologie douteuse d'une quelconque néo-race. Réaction cinglante du croisé de la race pure :

Vous délirez complètement à tel point que l'on ne sait plus si vous vous référez à Rabelais ou à Hitler...!!! Il vous faut maintenant créer une nouvelle race issue du métissage obligatoire... Et par quel moyen ???!!!

– Envoyer une horde de nègres à l'assaut de l'Europe, la bite à la main avec un appétit pantagruélique ?

– Créer une nouvelle élite grâce à un eugénisme forcené plus fanatique encore que celui que préconisait le führer ?

---

[83] Jean-Yves Le Naour, *La honte noire ; l'Allemagne et les troupes coloniales françaises 1914-1945*, Hachette Littérature, Paris 2004.

Sans commentaire!

Mais, tout espoir n'est pas perdu pour la race noire. On lui concède une chance :

Seule votre conclusion, en forme de «Post-scriptum : anticipation» me paraît avoir des chances de se réaliser... Mais pas en 2100..., seulement en 4100... et encore si l'Afrique noire a su se réveiller et échapper au sida, ce qui ne semble pas être la prédiction la plus judicieuse.

Eh oui, que voulez-vous, les Européens sont des Blancs - exclusivement – et ce depuis des millénaires. Vous faites le procès de l'esclavagisme et de la colonisation... En ce qui concerne l'esclavagisme, seuls les Américains et les Africains en furent les profiteurs et les «bénéficiaires». Les Européens ne furent que des intermédiaires... Il faut reconnaître cependant que, depuis plus de quatre cents ans, les Américains paient très cher le prix de l'esclavagisme. En quatre siècles, ces Nègres ont été incapables de se faire une place honorable dans cette société occidentale... L'Europe aurait dû s'inspirer de l'échec des Américains au lieu d'ouvrir bêtement ses portes à une immigration qui n'a pour seule ambition que de consommer des biens qu'elle est bien incapable de fabriquer.

En ce qui concerne la colonisation, je veux bien qu'on en dise tout le mal que l'on en pense, à condition toutefois de rappeler ce qu'étaient ces pays, il y a moins de deux cents ans. Il n'y avait pas de routes, pas de chemin de fer... juste des pistes; pas d'électricité ni d'eau courante; pas de constructions « en dur »...juste des cases ou des huttes; pas d'hôpitaux, de médecins ni de médicaments réellement efficaces. L'écriture était totalement inconnue, de sorte qu'il n'y avait pas d'école non plus.

Ici, notre homme réalise un doublé révisionniste exceptionnel. Dédouaner les Européens de toute responsabilité par rapport à la Traite négrière, c'est un Niagara négationniste qu'aucun funambule n'avait jamais osé affronter. Penser que les Noirs des États-Unis n'ont eu aucune avancée depuis quatre siècles, c'est ignorer le bond en avant qui a été réalisé par ce groupe depuis la fin effective des discriminations institutionnelles avec la victoire des luttes pour les droits civiques des Noirs, c'est-à-dire une petite quarantaine d'années.

La colonisation a sauvé l'Afrique de l'enfer de l'obscurantisme en construisant les routes, le chemin de fer, en apportant l'électricité. Mais à quel prix ! Je n'ai jamais ressenti le besoin, et encore moins l'envie de ressasser les méfaits de la colonisation. Je pense qu'il faut avancer, que mon avenir n'est pas ... derrière moi. J'ai toujours pensé que mon voisin ne pouvait être tenu responsable de la barbarie de ses ancêtres, que le Blanc et le Noir ne devaient pas se construire sur le lit d'une culpabilisation et d'une victimisation parallèles. Mais l'ignorance révisionniste de l'aïeul me contraint à remettre les choses à leur place. Et si l'Allemand aujourd'hui ne peut être tenu responsable de la Shoah, le révisionnisme et le négationnisme néonazis sont profondément coupables. Alors, je vais lui livrer quelques morceaux choisis des hauts faits pleinement revendiqués par les bienfaiteurs coloniaux.

« Pour chasser des idées qui m'assiègent quelquefois, je fais couper des têtes, non pas des têtes d'artichauts, mais bien des têtes d'hommes[84]. » S'agit-ils d'une parodie du lion des *Animaux malades de la peste* de La Fontaine qui dévore moutons et brebis et croque quelquefois le berger ? Non, il s'agit

---

[84] Aimé Césaire, *Discours sur le colonialisme*, Présence Africaine, Paris, 1994, p. 16.

tout simplement des propos d'un brave et banal colon, le colonel Montagnac d'Algérie, qui se détend comme il peut.

Le comte d'Herisson, en homme fin, se contente « d'un plein baril d'oreilles récoltées paire par paire sur les prisonniers, amis ou ennemis[85] », alors que Saint-Arnaud «ravage, brûle, pille, détruit les maisons et les arbres[86] ». Tout cela répond certainement au vœu du maréchal Bugeaud qui, en digne descendant de ses ancêtres, peuples civilisés s'il en fut, souhaitait « une grande invasion en Afrique qui ressemblerait à ce que faisaient les Francs, à ce que faisaient les Goths[87]». Nous pensons sincèrement que les ancêtres du commandant Gérard peuvent être fiers de lui, car il est difficilement imaginable, même dans la nuit de leurs temps, qu'ils eussent pu faire mieux. Jugez-en.

«Les tirailleurs n'avaient ordre de tuer que les hommes, mais on ne les retint pas ; ils n'épargnèrent pas une femme, pas un enfant... À la fin de l'après-midi, sous l'action de la chaleur, un petit brouillard s'éleva : c'était le sang des cinq mille victimes, l'ombre de la ville, qui s'évaporait au soleil couchant[88]. »

À cause des élucubrations insipides, des débordements préhistoriques d'esprits fossilisés comme celui de mon correspondant, je me vois obligé, cinquante ans après Aimé Césaire, de revenir sur la réalité de la colonisation, alors même que, tout comme Césaire, je crois en l'homme au-delà des races, cet homme qui parfois s'arroge la charge démiurgique de civiliser les autres. Je sais que la mémoire de ces actes inhumains interpelle Noirs et Blancs, pour qu'ensemble, nous clamions « plus jamais ça ! ». Parce que nous savons qu'il n'était nul besoin de coloniser, d'inférioriser, de culpabiliser, de *chamiser*[89], de déshumaniser,

---

[85] *Ibid.*
[86] *Ibid.*
[87] *Ibid.*, p. 17.
[88] *Ibid.*
[89] En référence à Cham, fils de Noé, qui serait l'ancêtre des Noirs. (Genèse, chapitre 10).

pour inviter les autres peuples à la jouissance des avancées technologiques. Parce que «L'équipement technique, la réorganisation administrative, l'*européanisation* de l'Asie ou de l'Afrique n'étaient – comme le prouve l'exemple japonais – aucunement liés à l'occupation européenne ; que l'européanisation des continents non européens pouvait se faire autrement que sous la botte de l'Europe...[90] ».

Pour être clair, la colonisation, le racisme haineux qu'elle véhiculait, la barbarie dont elle se servait, *ont été un frein à l'évolution*, à l'Éuropéanisation technologique de ces peuples. D'abord, parce qu'ils ont été abâtardis, diminués par l'humiliation qui en fait, jusqu'à présent, des êtres aigris ou complexés face au descendant de leur bourreau. Ensuite parce que l'on accepte mal ce que l'on vous enfonce dans la tête à coups, de pieux et d'insultes. Et si le Japon a eu le bonheur de connaître les avancées qui sont siennes aujourd'hui, c'est parce qu'il a fait le choix de l'industrialisation *sans la barbarie coloniale*, sans que cette dernière ne se mêlât de le civiliser et de le moderniser. Ironie de l'histoire, ce fut d'ailleurs l'inverse qui se passa, l'occupation du Japon par l'armée américaine ayant eu pour objectif premier non de civiliser une horde de sauvages, mais de le démilitariser et de démanteler les Zaibatsu, ces grands groupes industriels qui constituaient pour les États-Unis une menace économique sérieuse.

Aujourd'hui, nous devons nous alarmer d'une tendance qui dépasse les errements d'un vieil homme. Déjà en 1983, il était d'une indécence insupportable de prétendre comme Pascal Bruckner que «le principal mérite de l'Europe est d'avoir produit l'anticolonialisme[91] », balayant d'une inimaginable légèreté rhétorique des siècles de mépris, de souffrance et de bar-

---

[90] *Ibid.*, p. 23.
[91] Pascal Bruckner, *Le Sanglot de l'homme blanc*, Points Seuil, collection, 2003, p. 264.

barie. *Je vous inflige des blessures atroces, sinon gratuitement, du moins pour mon seul profit. Puis je trouve le médicament pour vous guérir, en vous laissant une horrible cicatrice. Vous êtes priés de me remercier de vous avoir guéris.* Ainsi, le long cri d'agonie du cobaye sous le couteau de la vivisection devrait être entendu comme un chant de louange à son bourreau. Il était inadmissible que cet essayiste au talent indéniable trouve une valeur suprême à la colonisation. Les trains, les routes, les hôpitaux, puis la décolonisation, ne sauraient justifier la sauvagerie du colonialisme. Il est encore plus sain de reconnaître que son unique objectif était le pillage. Il n'était pas utile que Bruckner enfonçât le clou par des déclarations d'une telle légèreté : « Si le colonialisme n'avait été que le piétinement sombre et stupide d'aventuriers assoiffés d'or et de sang[92] », il serait difficile d'expliquer « que les nations colonisées, au lendemain de l'indépendance, aient choisi librement des systèmes politiques et des valeurs hérités de l'ancienne métropole[93] ». Comment peut-on prétendre que le colonialisme était positif parce que la démocratie l'est ? Difficile de comprendre la logique que cache ce raisonnement.

Aujourd'hui, de part en part apparaît au sein des institutions de notre pays, un discours révisionniste qui veut se parer de bonnes intentions. La récente loi 2005-158 du 23 février 2005, « portant reconnaissance de la nation et contribution nationale en faveur des Français rapatriés », comprend un article qui est l'exemple le plus pernicieux, le plus regrettable

---

[92] *Ibd.*

[93] *Ibd.* Curieuse déclaration pour cet essai assez téméraire et en lutte contre l'hypocrisie et la langue de bois ambiante. Surtou quand, quatre pages plus loin (p. 268), l'auteur écrit : « Faire son deuil du colonialisme aujourd'hui, ce n'est pas l'ensevelir sous une pieuse amnésie, mais l'enseigner aux enfants des écoles, leur apprendre de quelles infamies notre patrie s'est montrée coupable, sur quel contingent de cadavres notre république s'est édifiée, quels furent les tortionnaires et les complices qui ont perpétré leurs méfaits. On n'efface pas une erreur commise en l'oubliant, mais en l'affrontant. »

de ce révisionnisme institutionnel. L'autorité législative demande au système scolaire de souligner *les aspects positifs de la colonisation.*

Des historiens ont fort logiquement manifesté leur colère et leur désaccord face à cette prise de position. L'analyse de la colonisation appartient à l'historien et non au pouvoir législatif. Mais je pense qu'il est indispensable d'aller plus loin que cette condamnation et de dire haut et fort que la colonisation ne peut avoir aucun aspect positif. Je l'ai toujours exprimé très clairement, je ne ressens aucune haine, aucune aigreur envers mon contemporain pour les fautes de ses aïeux. Je n'ai jamais jugé ce Blanc a priori héritier de la culpabilité de l'esclavage ou de la colonisation. Je n'ai jamais voulu revêtir les habits du passé. J'ai toujours revendiqué que l'humanité entière soit comptable des crimes et des grandeurs du passé. Je voudrais partager la mémoire de la Shoah avec le Juif et le nazisme avec l'Allemand, celle du colonialisme et de l'esclavage avec le Blanc, le génocide rwandais avec les victimes et les coupables repentis. Mais je ne saurais admettre l'acharnement révisionniste qui pousse certains à trouver des aspects positifs à l'une des plus graves horreurs du genre humain, l'exploitation servile des uns par les autres, pour des raisons même pas idéologiques mais platement économiques. Parce que je ne prône ni vengeance ni accusation, je ne puis comprendre ce besoin de justifier l'injustifiable.

Cette recherche pathologique des justifications est inadmissible. Si vous pillez la maison d'un plus faible, que vous le dépossédez de tous ses biens, que vous l'installez définitivement dans une angoisse et dans un trauma permanents, il serait inhumain que vous lui rappeliez les aspects positifs de votre intervention. La colonisation a-t-elle laissé des traces positives chez les peuples colonisés? Cela va sans dire. Y a-t-il eu des personnes de valeur parmi les colons ? Ceci me paraît indubitable. Je ne regrette pas l'animisme que je n'ai pas connu, et je ne rejette ni ma francophonie qui me permet de communiquer, ni mon christianisme dont j'apprécie les valeurs de charité et de fraternité.

Mais tout cela n'enlève en rien le fondement inhumain de la colonisation. Qui peut nous faire croire que la conquête des pays lointains avait un autre objectif que le pillage de leurs biens ? Est-ce la *mission civilisatrice* que l'on assimile à l'aspect positif de la colonisation ? Est-ce un aspect positif que le mépris de l'autre qui pousse à s'arroger la mission démiurgique de lui apporter la civilisation, en faisant table rase de ses propres acquis ? Les écoles, les ponts, les routes, les hôpitaux, les machines peuvent être qualifiés de *conséquences* positives de la colonisation. Mais qu'est-ce qui prouve que les peuples colonisés n'auraient pas découvert et adopté, comme le Japon, ces évolutions technologiques et sociales ? Était-il indispensable de les asservir et de leur imposer ces éléments ? N'était-il pas possible de les leur proposer pacifiquement ? Est-ce absurde de penser qu'un contact dans le respect de ces peuples aurait entraîné une meilleure prise en compte du modernisme et un développement plus rapide ?

Il est évident que je n'attribue pas toutes les misères des Africains à la colonisation. Il est évident que le développement des pays africains aujourd'hui dépend de leur seule capacité à sortir du colonialisme, des angoisses du passé, sans attendre l'aide du Blanc qui, plus qu'eux, est coincé dans une logique ambiguë et stérile de supériorité/culpabilité. Il est évident que c'est celui qui souffre qui peut et doit se battre pour s'en sortir et pour guérir son bourreau de ses angoisses. Mais aujourd'hui, qu'on veuille le reconnaître ou non, le sous-développement est *l'unique* caractéristique commune aux pays d'Afrique, caractéristique qui, par mimétisme, frappe aussi l'Éthiopie, qui n'a pas été colonisée. Qu'ils soient lusophones, hispanophones, anglophones, arabophones ou francophones ; qu'ils soient chrétiens ou musulmans ; tous ces pays affichent les mêmes tares : corruption, complexe face au Blanc, manque de solidarité, népotisme, tribalisme plus ou moins génoci-daire, plus ou moins criminogène. C'est justement parce que le mal colonial partagé a laissé dans les esprits de tous, les mêmes séquelles, la même suspicion inconsciente et trauma-tique, la même fragilité, la même résistance au modèle du développement occidental qui leur a été imposé avec brutalité, la même résistance au développement qui, dans l'inconscient collectif de ces peuples, reste accompagné de la douleur de la colonisation. Des peuples qui dans l'ère précoloniale avaient des niveaux de développement aussi différenciés que ceux des peuples européens. Les fastes de certains, nous dit-on, étaient supérieurs à ceux des cours européennes, quand d'autres étaient encore dans un régime préhistorique. Qu'est-ce qui peut expliquer qu'aujourd'hui tous soient peu ou prou au même niveau ? Quel est le raz-de-marée qui les a tous traver-sés ? Je ne vois rien d'autre que la colonisation.

Mais je sais que malgré les soubresauts d'agonie du vieil homme et le révisionnisme des institutions, les choses évo-luent et que la multiracialité égalitaire de la France poursuit son petit bonhomme de chemin. Les relents pestilentiels du discours passéiste de l'aïeul ont failli m'étouffer et me faire monter la bile à la bouche. Alors, j'ai pensé à ces hirondelles – noire bien entendu – qui, avec leurs sœurs et frères blancs, font déjà le printemps de notre société. Et je repense à Safia Otokoré[94], ma duchesse de Bourgogne ; à Dia[95], qui professe

[94] *Op. cit.*
[95] *Op. cit.*

son amour pour ce pays sien et le lui prouve en l'enrichissant. Alors, je me dis que l'aïeul est déjà mort ; j'espère sincèrement pour lui qu'il n'emportera pas dans l'au-delà ses angoisses racistes. Il risque de trouver que, à la faveur des alternances, saint Pierre, qui siégeait à la droite du céleste Père et décidait de l'entrée en paradis, a été remplacé par un vigile noir. Condoleeza ne siège-t-elle pas à la droite du père terrestre de l'axe du bien ?

Le discours ci-dessus reste très minoritaire, du moins je l'espère, au sein de la population blanche. Il est la survivance, chez les plus vieux, de cette nostalgie des temps pas si lointains qu'ils ont connus où la supériorité de la race blanche était un fait admis par toute la société. Le grand bond en avant vers l'égalité des races, le sang versé dans les tranchées de la Grande guerre ou sur les fronts de la Deuxième Guerre mondiale, la fraternité entre le jeune tirailleur sénégalais et son homologue blanc, tout cela n'effacera pas en lui les certitudes aujourd'hui anachroniques qui ont nourri son enfance. Mais la chose devient plus inquiétante quand la jeunesse reprend à son compte ces conceptions raciales d'un autre temps.

La relève raciste serait-elle assurée ?

Un autre correspondant bien plus jeune, Monsieur J.–M. L. – nous aurions pu dire le nom qu'il nous a communiqué, car il a pris la peine de nous informer, dans son mail, que ses coordonnées étaient fausses – m'adresse, le 30 juillet 2004, un courrier d'une teneur assez acidulée. Son anonymat, qui contraste avec les revendications nominatives du vieil homme, montre qu'inconsciemment, il sait que ses positions sont mauvaises, erronées, démodées.

La présentation qui avait été faite de votre livre dans le journal de France 2 m'avait donné l'espoir d'un essai assez original.

Mais cet espoir va être bien vite déçu.

Je suis tombé sur un livre inutile, qui ne nous fait grâce d'aucun des poncifs ou lieux communs les plus éculés. Contradictions, mensonges et autres distorsions scientifiques ou historiques s'y bousculent allègrement baignés dans le pathos larmoyant de la victimisation... Esclavage, colonisation, exclusion, tous ces thèmes dont vous vous abreuvez...

Avant de poursuivre plus loin la lecture de cette lettre, il convient que je vous dise la cause de la déception de J–M. L., qu'il nous annonce à l'antépénultième ligne. « *À la question que vous vous posez page soixante : la France serait-elle pays de Blancs, je réponds : OUI, évidemment.* »

Évidemment !

Malgré toute cette évidence, je ne sais pas comment cet homme a pu croire, à travers le reportage qui m'avait été accordé par France 2, où j'affirme haut et fort que la France est multiraciale, que j'allais apporter une quelconque légitimation à ses fantasmes aryens ; que je pouvais, d'une manière « ou d'une autre, aider à atteindre ce qu'il appelle le but ultime » qui est le suivant : que la France et l'Europe, retrouvent leur unité raciale blanche.

L'Europe est donc le territoire des Blancs et l'Afrique, le territoire des Noirs. On me l'a si souvent répété que je me demande comment je réussis à ne pas encore en être convaincu. Sur cette affirmation, des groupuscules blancs et noirs se rejoignent. Quand il écrit : « Mes racines culturelles

sont européennes et françaises. Les vôtres sont ... africaines»,
il conteste ma bourguignonité. En cela, il est rejoint par le
Guadeloupéen Jean-Philippe Omotunde qui se présente avec
une certaine prétention comme représentant d'une certaine
jeunesse – noire, je présume: «Nous nous considérons comme
africains et travaillons à la renaissance africaine[96].» Les affirmations de J–M. L. sont tout simplement affligeantes. Comme
c'est le cas dans cette abondante littérature raciste dont il
s'inspire – on sent à travers son texte qu'il en a une culture certaine – il puise parfois dans le bestiaire, comme on le faisait au
temps de la colonisation, pour traiter du problème racial. En
voici un échantillon:

*Mon chien serait aussi désorienté que les jeunes Blacks que
vous décrivez et qui vivent l'expérience du retour au pays, s'il
devait retourner à la vie sauvage et primitive de son espèce.
Pourtant il reste un chien, plus ou moins dénaturé dans ses
instincts et surtout plus ou moins acclimaté dans sa vie au sein
des sociétés humaines.*

Ainsi, de même que le chien reste chien même s'il s'adapte
à la société humaine, de même le «Black» restera à jamais
empreint de culture «afro-black» malgré son immersion,
même vieille de plusieurs générations, dans le monde culturel européen. Et puisque la relation entre l'humain et le chien
qui remonte à des temps immémoriaux n'a pas réussi à transformer le chien en homme, il n'y a aucun espoir pour que le
Noir devienne humano-européen. Seulement, le chien ne
peut pas retourner parmi les loups. Est-ce à dire que les
Blacks n'ont aucune chance de se réimplanter dans les socié-

[96] *Africa International*, n° 377, 2004, p. 56.

tés africaines? Est-ce ce qui justifie l'échec des Américains noirs à s'intégrer aux indigènes libériens? Il est évident que les Noirs Américains ne se sont pas intégrés, justement parce qu'ils étaient des Occidentaux, et non pas des Noirs qu'ils croyaient être. Car, s'il existe un instinct canin qui se retrouve chez tous les dobermans, les dalmatiens, les épagneuls, les fox-terriers, les chiens bergers de toutes nationalités, les chiwawas, il n'existe pas de culture noire, ou plutôt d'instinct noir, pour rester dans la bestialité promue par mon correspondant, qui ferait de tous les Noirs, des « frères ».

La position d'une certaine jeunesse noire, par rapport à ce problème racial, est tout aussi radicale, semble encore plus radicale, qui s'interroge sur mon entêtement à me dire bourguignon alors que je suis un Noir. J-M L et mes contradicteurs noirs vont s'opposer - mais simplement en apparence - sur un point majeur. Si pour ces jeunes Noirs je suis un parfait *Bounty*, J-M L n'est pas d'accord.

Plutôt qu'un Bounty, noir dehors et blanc dedans, vous êtes un cappuccino. Tout noir mais avec un nuage de blanc à la surface. Un Noir déguisé en Blanc.

Contrairement à ce qu'on pourrait croire, cette opposition entre les deux jeunesses n'est pas si forte. En fait, des deux côtés, l'on me dénie le droit d'être un homme avant d'être une couleur de peau. Nous pouvons voir comment cette posture, la primauté de la couleur dans les rapports sociaux, a conduit à la création chez les Noirs d'un *eurocentrisme mélanoderme* que l'on appelle *afrocentrisme*. Nous lui consacrerons un chapitre.

Monsieur J.-M. L. nous conduit à la conclusion la plus inattendue. Il ne me reconnaît pas le droit d'inclure dans la population noire le champion de Golf, Tiger Woods – « un Asiatique » selon lui – ou encore les membres éminents de l'administration Bush, Condoleeza Rice et Colin Powell – «des quarterons, donc blancs», affirme-t-il. Je suis néanmoins content d'apprendre que, même souillé par du sang noir, l'on peut être intégré à la blanchitude, quand on occupe un rang prestigieux dans la société. Alors, les Noirs comprennent ce qui leur reste à faire pour pouvoir un jour dire comme Mous Diouf, «avant, quand j'étais noir»: atteindre des positions éminentes dans les domaines des arts, des sciences, des sports, de la culture et de la politique. Oui, il faut résolument laisser tomber la voirie municipale et le gardiennage. Un Noir qui a réussi, s'il a le sang mâtiné d'un peu de globules caucasiens ou mongoloïdes, devient un Européen ou un Asiate tout à fait présentable.

Et, cerise sur le gâteau, mon correspondant mystérieux conclut:

Mais oui, ils (les Noirs) ont une grande quéquette. Achetez donc les films pornos pour compléter votre culture lacunaire.

Nos deux Blancs, l'aïeul comme le jeune, sont obsédés par les attributs sexuels du Noir. Ici aussi, la légende est tenace. Quant à l'acquisition des films pornographiques qu'il me conseille, si c'est le prix qu'il faut payer pour accéder à la culture – l'analyse comparée de la quéquette sur une base raciale à travers la pornographie cinématographique – il est probable que je conserverai encore longtemps ma culture lacunaire.

Après l'ancêtre décadent, on voit une jeunesse, certes fort minoritaire, qui professe des théories qui tendraient à racialiser les continents. Cette jeunesse blanche est l'héritière des vieilles thèses sur l'inégalité des races et une certaine jeunesse noire se fait réceptive à ces mêmes thèses en s'enfermant dans une essentialisation qui enrichit les fantasmes afrocentristes.

III - LA NOUVELLE SOCIÉTÉ DES AMIS DES NOIRS
OU LES GÉNÉROSITÉS COUPABLES

> Je savais qu'on me peignait dans le public
> sous des traits si peu semblables aux
> miens et quelques fois si difformes que...
> je ne pouvais que gagner encore à me
> montrer tel que j'étais.
>
> (Jean-Jacques Rousseau)

Pour la majorité des Français, Noirs et Blancs, les relations raciales restent malaisées. Ce malaise est aussi vieux que le sentiment de culpabilité de l'homme blanc et celui de victime de l'homme noir. Fidèle à la pensée de Frantz Fanon, je le dis, je le redirai, au risque de me répéter jusqu'au radotage, je ne juge pas l'homme blanc d'aujourd'hui responsable ou coupable des comportements de ses ancêtres. Mais je sais que le Blanc entretient jalousement sa culpabilité, gage de bien-pensance.

Surtout, inconsciemment et paradoxalement, cette culpabilité même, en fait le supérieur du Noir. D'abord, c'est un rappel permanent que le Noir a été dominé. À partir de cet instant, la souffrance et l'infériorité deviennent des attributs aussi congénitaux que ma peau noire. Et je n'ai aucune envie d'être enfermé dans une généalogie de la souffrance, aussi encombrante que la couleur de ma peau.

L'homme blanc est assailli par des doutes existentiels. Il n'est pas fier de ce que sa race a fait aux autres races. Il veut être la voix, l'ami de ces déshérités. Il va donc être le Schœlcher des colonisés et des immigrés. Mais on se rend bien vite compte que là aussi, il se donne une mission messianique, dont il revendique l'exclusivité, et il n'attend pas que le Noir empiète sur son terrain. Le Noir doit se contenter d'attendre l'aide de son ami blanc. Analysant l'accueil réservé en 1952 à *Peau noire, masques blancs* de Frantz Fanon, Alice Cherki souligne très bien ce comportement dans le livre-portrait qu'elle a consacré à l'auteur.

Pour les contemporains blancs de Fanon, « que les écrivains noirs expriment leur mal-être dans la poésie ou le roman commence à être remarqué et même reconnu. Bien qu'on range encore leurs œuvres sous l'appellation de littérature exotique[97]. » C'est la reconnaissance du droit à la jérémiade, en quelque sorte.

L'histoire ferait-elle du sur-place? Les écrits négro-africains de France aujourd'hui ne sont plus qualifiés d'exotiques. Cependant, quels que soient le thème traité, le lieu de résidence et la nationalité (souvent française) de l'écrivain, ces écrits sont réservés à la catégorie spécifique d'*œuvres africaines* et c'est en tant qu'Africains que leurs auteurs sont invités dans les festivals

---

[97] Alice Cherki, *Frantz Fanon, portrait*, Seuil, Paris, 2000, p. 46.

et les rencontres littéraires. Alice Cherki poursuit son analyse

« Mais qu'une tentative soit faite d'aborder du dedans l'expérience du racisme de couleur, et de l'analyser, se heurte à l'incompréhension et même à l'indignation ... Le livre dérange, quelle que soit la coloration politique... À droite, *Peau noire, masques blancs* est entendu comme un appel à la haine raciale, l'auteur est renvoyé à sa propre psychopathologie et il est recommandé à ce psychiatre de se soigner[98]. ».

Surprenante condamnation d'un livre dont l'humanisme héroïque et l'universalisme avant-gardiste et forcené, combattent justement la notion de race ; d'un livre qui clame haut et fort, comme peut-être nul autre texte n'a jamais pu et su le faire, qu'il n'y a ni Noir, ni Blanc ; que le Noir ne doit pas culpabiliser le Blanc d'aujourd'hui pour les fautes commises par ses ancêtres ; qu'il est inopportun de demander des réparations pour l'esclavage ; que Noir et Blanc sont des frères.

« À gauche, on met en avant les principes d'égalité et de fraternité pour nier la démarche de Fanon. On peut lire : *il y a longtemps que la France a reconnu que les Noirs étaient des hommes*[99]. »

Merci !

On l'accuse aussi de se détourner « de ces Noirs, intellectuels ou travailleurs, qui, depuis longtemps, ont résolu leurs complexes d'origine raciale, non pas en procédant à un transfert de leur névrose, mais tout simplement, par prise de conscience de la complexe réalité sociale sous toutes ses

[98] *Ibid.* p. 47.
[99] Ibid.

formes et la volonté de transformation générale, ont intégré l'ignominie raciale dans le contexte social tout entier[100] ». Pour ses détracteurs de gauche, Fanon « ne veut pas connaître toute cette partie non négligeable de la classe ouvrière blanche, toutes ces couches de travailleurs intellectuels ou manuels blancs, qui échappent sans réserve à l'imbécillité raciste... Tous ces éléments sains du peuple français, de la race blanche, ont bien compris qu'il fallait embrasser le problème noir, ou juif, ou jaune, avec l'ensemble des problèmes sociaux[101]. »

Évidemment, ce discours est cousu de bien bonnes intentions. On y retrouve la volonté farouche de nier le racisme. C'est le racisme angélique de la gauche bien-pensante qui découle de cette négation. On y retrouve la conviction candide qu'il suffit de dire les choses pour qu'elles se réalisent. Il n'y aurait pas de problème racial, mais un banal problème social que toutes les bonnes volontés de gauche, blanches et noires, jaunes et juives, combattront dans une croisade fraternelle jusqu'à l'avènement du grand soir de la chute du capital. Difficile de rejoindre la logique des camarades, selon laquelle tous les génocides, toutes les négations de l'humanité chez l'autre, toutes les théories sur la race supérieure, seraient à intégrer dans « l'ensemble des problèmes sociaux » causés par le Capital.

Un demi-siècle plus tard, nous nous rendons compte que ce désir n'est pas devenu réalité, que tout le monde admet l'existence d'un problème racial en France. Mais un demi-siècle plus tard, beaucoup de Français continuent à s'enfermer avec entêtement dans la négation de ce problème racial. Ils tournent le dos à la réalité des discriminations à l'emploi et au logement. C'est la situation économique qui exclurait une partie de la société - autochtone ou issue de l'immigration, sans distinction

[100] *Ibid.*
[101] *Ibid.*

de race, de sexe ou de religion. Le chômage important chez les diplômés issus de l'immigration, les difficultés d'accès au logement des Noirs et des Arabes présentant un profil socio-économique enviable, rien ne peut les sortir de leurs convictions. Ils ferment leurs oreilles au débat sur la discrimination positive. Au cours de mes conférences, beaucoup de militants ont voulu désespérément se convaincre et me convaincre que la situation des Noirs et des Arabes allait se résoudre comme celle des courants migratoires blancs et chrétiens.

Une fraternisation encore fébrile

Le courrier de ce troisième lecteur me permettra d'illustrer l'acharnement désespéré, mais partant d'un total bon sentiment, pour créer la fraternité interraciale en minimisant le racisme ambiant. Ces personnes sont d'une grande qualité de cœur et ce sont de vrais humanistes. Ils nous présentent et se représentent le monde tel qu'ils le souhaitent, pour s'exorciser de cette douleur, de cette culpabilité héréditaire, qu'à tort, ils portent comme une croix expiatoire. Je voudrais leur dire à quel point je les estime. Mais je voudrais qu'ils sortent de leurs angoisses et que, conjuguant nos efforts, nous dénoncions les erreurs de bonne foi et les fautes mesquines ; cette dénonciation commune étant la seule voie qui conduit aux solutions efficaces et non aux placebos.

En une longue lettre de vingt-deux pages, ce lecteur fait une analyse extrêmement argumentée de mon livre. L'homme est cultivé, positif. Sa lettre dégage un humanisme palpable et un désir réel de connivence. Il voudrait contribuer à l'émergence d'une France réconciliée. Après avoir reconnu que lui non plus n'a pas beaucoup aimé le manioc au cours d'un séjour au Congo – ce qui, bien entendu, l'humanise à mes yeux –, il m'adresse un compliment bien appuyé.

Gaston Kelman nous lance un clin d'œil percutant. Avec adresse, il nous assène quelques vérités bien senties.

Je suis évidemment très content de cet éloge. Et ce n'est qu'un début.

L'humour fait passer bien des choses, surtout lorsqu'il laisse pointer une bonne dose de sympathie aux mauvais sujets auxquels il adresse de mauvaises notes.

Un lecteur qui n'aime pas le manioc me complimente sur la forme de mon écriture, apprécie mon fond d'humanité, je n'espérais même pas en trouver un parmi mes frères et sœurs, peut-être ma mère... Mais elle ne sait pas lire. Et cet homme à l'analyse fine et sympathique, mais tout aussi juste, a compris, comme beaucoup de femmes et d'hommes, que c'est par amour pour la France et mes concitoyens de toutes origines et de toutes conditions sociales que j'ai écrit ; que j'éprouve une profonde sympathie, et pas la moindre haine, pour ceux qu'il appelle « les mauvais sujets », c'est-à-dire toute cette France qui vit encore dans des angoisses racialisées.

J'ai aimé la simplicité du propos, le naturel du ton, la franchise sans agressivité et l'exclusion de la langue de bois. Un bon moyen de déranger la conjuration des bien-pensants et des mal embouchés qui refoulent les problèmes essentiels au nom d'une bienséance à géométrie variable.

Ce monsieur a compris mon propos au-delà de tout ce que je pouvais espérer. Il a aussi compris, comme il le dit, que j'aurais à me « laver du péché de trahison pour avoir osé dire que les Noirs entretiennent leur mal-être et leur rancœur de minorité en entretenant leur statut de victime (de la Traite des Noirs, du colonialisme...) ».

Après ces lignes introductives laudatives, on verra apparaître l'autre motivation de l'analyse littéraire de mon lecteur, en filigrane d'abord, puis de plus en plus clairement. Après avoir fustigé avec moi les stigmatisations (les Noirs et le sport), il aborde le thème du racisme mais pour verser dans un relativisme des plus logiques : le racisme n'est pas une création des sociétés modernes.

Des tribus indiennes se désignaient comme les hommes, sous-entendant que les étrangers n'en étaient pas.

Signalons ici que les tribus indiennes ne sont pas les seules à avoir usé de cette forme de patriotisme. Le terme *bantou* désignant un grand groupe ethnique africain signifie : *les hommes*. Exactement comme les Indiens, les Bantous se considèrent comme les premiers parmi les hommes. Cependant, je pense que ce patriotisme ethnocentriste renvoie plus à un inoffensif *Primus inter pares* qu'à un racisme de déshumanisation pure et simple de l'autre. Ici, il s'agit d'une tribu dont l'horizon comparatif s'arrête au voisin qui a les mêmes caractéristiques qu'elle. Le voisin de l'Indien est un Peau-rouge, pas un Visage pâle ; celui du Bantou est un Noir. Les voisins de l'Indien et du Noir ont probablement le même système économique – chasse, pêche, cueillette – le même niveau d'évolution technologique – la houe, la canne à pêche, le filet, la sarbacane ou l'arc. L'Indien et le Bantou ne sont donc pas porteurs d'un quelconque racisme.

Pour les Grecs, dès que l'on traversait les postes frontières, on tombait en Barbarie, cette terre peuplée de tous les autres, étrangers à leurs us et coutumes. Chez les Béti du Cameroun, tous les voisins, notamment, les plus proches, les Bassa, étaient des *Bilôbôlôbô,* ceux qui parlent mal, c'est-à-dire, *plus barbare, tu meurs.* Et pour les Bassa, les Bamilékés, autre groupe voisin, sont ceux qui se mordent la langue en parlant, ceux qui parlent mal, encore et toujours des barbares, leur discours devenant bien évidemment inaudible. Dans son livre *Races et histoire,* c'est fort logiquement au chapitre intitulé L'« ethnocentrisme » que Lévi-Strauss décrit ce comportement humain: «L'humanité cesse aux frontières de la tribu, du groupe linguistique, parfois même du village; à tel point qu'un grand nombre de populations... se désignent d'un nom qui signifie *les hommes*[102].»

On retrouve cette volonté de relativisation du racisme « moderne» du Blanc dans l'analyse qui est faite du florilège de blagues[103]. Le lecteur avoue ne pas avoir aimé, «parce qu'elles ne sont pas drôles». Je saisis cette occasion pour préciser qu'en effet, pour le florilège, je n'ai pas choisi des blagues tordantes. Les blagues drôles se situent en chapeau des chapitres ou à l'intérieur du texte. Celles du florilège illustrent ce qu'il y a de plus absurde dans le regard que l'on peut porter à l'autre, différent de nous. Après s'être posé la question de savoir si elles sont «une illustration des idées reçues sur les Noirs», il nous signale que «ces blagues d'almanach Vermot ont été usées sur les Belges, les Corses, les Auvergnats, les Écossais, les blondes» et que celle de la quatrième de couverture « ne date pas d'hier ». Je ne sais si la longévité du racisme ou sa généralisation peuvent être un justificatif de cette plaie de l'humanité. Mais je revendique que l'on puisse user avec la même bêtise des blagues de l'almanach Vermot,

---

[102] Claude Lévi-Strauss, *Race et histoire*, Folio Essais, Paris, 1987, p. 21.
[103] Gaston Kelman, *Je suis noir et je n' aime pas le manioc*, Max Milo, Paris, 2004; chap. VII, *Je suis noir et j'en ai une petite*, p. 128. Une sélection de blagues sur les Noirs.

pour les Noirs, comme on en use pour « les Belges, les Corses, les Auvergnats, les Écossais, les blondes », sans qu'on les trouve «pas drôles» ou «nauséeuses», comme me le reprochait une internaute à propos de ce florilège.

Mon correspondant s'est cru stigmatisé. Il a cru que c'est de cette façon que je voyais le Blanc ; qu'à mes yeux, tous les Blancs portent sur les Noirs le regard que l'on retrouve dans les blagues du florilège. Le malaise de cet homme vient du fait que les blagues traduisent le regard que l'on portait sur le Noir dans un passé assez récent ; que le Noir était jugé malhonnête, bête, infantile, gros sexe. Cet homme et la grande majorité de ses semblables raciaux ne sont plus dans cette logique. Il souhaite – et l'ensemble de mon livre l'a presque rassuré – que je devienne son ami, son frère, que je lui pardonne (alors que je n'ai rien à *lui* pardonner), que j'oublie (alors que c'est ensemble que nous ne devons jamais oublier). Et voilà que soudain apparaît l'horreur du florilège. Serais-je toujours en colère contre sa race ?

J'ai ressenti une amitié sincère pour cet homme et j'espère qu'un jour, j'aurai l'occasion de le lui dire en face. Je voudrais lui dire que je n'ai rien à pardonner à personne par rapport au passé, parce que personne, aujourd'hui, n'en est responsable et que moi, je voudrais ne plus en être victime. Je voudrais dire à ce frère que c'est ensemble que nous bâtirons un monde meilleur et non chacun de son côté, enfermé dans ses angoisses. Je voudrais rire avec lui de ces blagues thérapeutiques qui grossissent la faiblesse, la bêtise et la méchanceté humaines. Car c'est bien le rôle de la blague et de la caricature : rire de tout et (faire rire) de soi-même ou de celui que l'on présente, dédramatiser grâce au rire. Je n'imagine pas qu'une caricature me présente avec des lèvres fines et un nez aquilin. Je me sentirais vexé ! Je revendique, en caricature, la platitude évasée de mon nez et l'ourlet généreux de ma lippe.

Il existe une tendance certaine à relativiser ce dont on voudrait se débarrasser, ce que l'on regrette, le mal fait à l'autre par le groupe auquel on appartient, mal dont souvent on se croit, à tort, responsable par héritage. Les formes les plus dures et les plus pernicieuses de cette volonté de relativiser deviennent tout simplement du négationnisme. On va relativiser l'indicible jusqu'à sa banalisation. On n'est pas obligé d'atteindre le niveau des délires répétitifs de Monsieur Le Pen qui fait du négationnisme et du révisionnisme ses fonds de commerce électoraux. Je me souviens de cette femme qui s'agaçait des jérémiades des juifs sur la Shoah et des Noirs sur l'esclavage et me rappelait que la France avait elle aussi beaucoup souffert pendant l'Occupation. Il est vrai que manger du pain sans beurre, boire un ersatz de café ou avoir recours à des tickets de rationnement, c'est atroce et profondément inhumain. Il est vrai que mourir au front en essayant soi-même de donner la mort, ou prendre une bombe sur la tête, c'est aussi grave que d'être victime d'un génocide programmé, sans aucune chance de riposte ni de salut.

Les générosités coupables des amis des Noirs

Quand vous êtes Noir et qu'une dame blanche d'un certain âge vous demande votre pays d'origine, vous lui répondez que vous venez du Cameroun, du Congo ou du Togo. Elle vous apprend ensuite qu'elle connaît l'Afrique. Cela veut dire généralement qu'elle a passé une ou deux semaines de vacances, à l'occasion d'un voyage organisé par son comité d'entreprise ou par son amicale du troisième âge, dans un Club Med au Sénégal ou au Kenya. Le Burkina et le Mali sont aussi des destinations très courues par les chevaliers de l'humanitaire ou des villes jumelles. Dans l'une des variantes, la plus courante de ce dialogue, elle vous apprendra qu'elle a beaucoup aimé l'Afrique et qu'elle aime les « Noirs ». Elle n'ose d'ailleurs pas prononcer le mot Noir, un mot politiquement incorrect. Elle vous dira alors qu'elle aime les gens «comme vous». À ce niveau de la conversation, je me sens obligé en toute amitié de dire à la dame que je suis admiratif de sa capacité à aimer un milliard de « comme vous», ces nouveaux panoupanous, – le nombre approximatif de Noirs qui peuplent la terre – mais que je plains sa témérité. Je lui dis que les Noirs, c'est comme les chiens, il y en a de bons et de moins bons. Il y a même des bâtards et des hybrides dangereux comme les pitbulls. Trente millions d'amis, soit! Personnellement, je ne suis pas fanatique de certains NAC comme les mygales, les scorpions ou les poux.

Une dame, concierge de son état et portugaise, cela va de soi, demandait un jour à Alain, un de mes neveux, de quelle origine il était. Quand Alain eut répondu qu'il était d'origine camerounaise, elle lui dit alors, extasiée, qu'elle avait connu un jeune Congolais qui était absolument charmant. Mon neveu s'est piqué au jeu.

– Cela tombe bien, Madame, je connais, moi, un Allemand qui est aussi très charmant.

– Pourquoi me parlez-vous de cet Allemand? a demandé la dame, surprise.

– Pourquoi me parlez-vous du Congolais?

– Mais parce que j'aime bien les Noirs, ils sont gentils, répondit-elle.

– Nous sommes vraiment faits pour nous entendre, a poursuivi mon neveu, moi aussi j'aime bien les Blancs.

Et il conclut:

– Heureusement pour moi que votre Congolais vous est apparu sympa, non? Qu'est-ce que je serais devenu s'il avait été un salaud!

Propos de concierge? pas tant que cela, comme nous le verrons tout au long de ce travail. Un ami parisien, chef d'orchestre, pétri de culture bobo, de bien-pensance gaucharde, d'humanisme et de bonnes manières, me décrira comment il a découvert la perversion du racisme angélique, parce qu'il en a été lui-même acteur. Pour cela, il a pris deux exemples de son répertoire, dont je sentais, à la tristesse de son regard, qu'il était archi-plein des scènes de ce racisme bien-pensant du quotidien.

Quand on lui a demandé s'il donnerait sa fille en mariage à un Noir, il a répondu avec empressement qu'il le ferait *avec plaisir*. Puis à la suite de la définition que je donnais du racisme angélique[104], il a repensé à cette anecdote. Pourquoi devait-il se sentir obligé d'insister sur le *plaisir* qu'il aurait à donner sa fille en mariage à un Noir? D'abord, est-ce qu'il allait donner la main de sa fille à un homme ou plutôt à un Noir? Et si le Noir est un con, sa couleur devrait-elle le mettre à l'abri de son rejet? C'est ainsi que l'on voit de superbes nanas blanches la tête bien faite – pas les moches décaties qui hantent les plages de Casamance, ni les fanchons fadas – se coltiner des époux noirs improductifs et camés, aux *dreadlocks* rageurs en forme de cornes des diablotins de mes livres de caté, qu'elles auront ramassé un soir dans un bal branché, comme on sauve un chien; ou au détour d'un voyage à l'île de Gorée au Sénégal. Elles auront au préalable versé une larme de compassion, à la suite de la péroraison du mythique conservateur, pour expier les crimes de leurs ancêtres. Ces Blanches épousent ces hommes parce qu'elles n'ont pas le choix, sous peine de se croire racistes. Seulement, racistes, elles le deviennent le jour où, lasses de supporter les frasques de l'artiste qui n'est pas de leur milieu social, elles finiront par le virer en se disant qu'on ne

---

[104] Gaston Kelman, *op. cit.*

les prendrait plus à sauver du Noir! Si elles avaient vu *Devine qui vient dîner*[105], elles sauraient qu'il y a des médecins noirs et qu'une fille blanche de bonne famille blanche peut tomber amoureuse de cette catégorie qui est de son milieu, sans se sentir dans la peau d'une dame patronnesse ou d'un bouc (pardon! d'une chèvre) émissaire.

Un autre jour, mon ami prend place dans un bus. Soudain, le chauffeur se met à engueuler une dame avec un vocabulaire que l'on ne s'attend pas à trouver dans le petit lexique à l'usage du personnel des transports publics. À entendre le sort que le grossier chauffeur réserve à la passagère, le sang du bobo ne fait qu'un tour et lui fait comprendre que ce spectacle est inacceptable en terre de civilisation. Il se lève, retrousse les manches, fonce vers la cabine pour montrer au chauffeur de quel bois il se chauffe. Mais arrivé au niveau du chauffeur, on le voit comme tétanisé. Ses bras cèdent la position de boxeur à celle d'un homme las, retombant piteusement le long de ses flancs. Quel cataclysme a pu pétrifier notre homme à ce point, le rendant incapable de dire au chauffeur de quel bois il se chauffe? Ce cataclysme, c'est la découverte que le chauffeur était en bois... d'ébène – un Noir, en somme – et qu'à ce jour, un bobo pétri d'humanisme et de bien-pensance ne se chauffe pas de ce bois-là. « Si je lui dis qu'il est con, il va croire que je suis raciste. » Ce faisant, mon ami a laissé un con en liberté, qui ne sait même pas qu'il est con, parce qu'on ne le lui a pas dit, de peur d'être traité de raciste; ce faisant, mon pauvre ami s'est montré doublement raciste. Inconsciemment, il pense que le Noir est tellement demeuré qu'il ne peut pas comprendre ce qu'un gamin de cinq ans comprendrait aisément, que l'on n'insulte pas les dames, pas plus les hommes d'ailleurs. Ce faisant, mon ami a

---

[105] Grand classique cinématographique américain 1967 de la lutte contre le racisme.

figé l'Histoire, en inversant tout simplement les propositions : hier, un homme était con parce qu'il était noir, aujourd'hui, un con n'est pas con, puisqu'il est noir. Normal !

À côté de cette race des amis des Noirs, race plutôt naïve, il y en a une autre dont le raisonnement construit est extrêmement dangereux.

Le 4 avril 2004, Madame Mona Chollet publie un article sur le site Internet *Périphéries.net*. Cet article, disons-le tout de suite, est tellement percutant qu'il sera repris un peu plus tard, le 29 juin 2004, sur le site « UFC-TOGO », et sur proposition expresse de Monsieur Kangni Alem, grand écrivain et critique littéraire. Madame Chollet parodie, dans un humour acerbe, le titre de mon récent essai et intitule son article « je suis blanche et je n'aime pas les couillonnades ». Qui l'en blâmerait ? Nul n'imaginerait la condamner pour une aussi noble sentence. Mieux : des personnes de mon entourage apprécient son point de vue. On trouve son analyse pertinente car finement argumentée. Ce serait une critique objective. Pour un ami écrivain, il n'y a rien de plus noble que de ne pas aimer les couillonnades. Ce plébiscite interpelle évidemment le couillonneur épinglé que je suis.

Qu'est-ce qu'elle a donc dit, ma contradictrice, pour s'attirer les louanges de mes plus proches relations, l'assentiment des personnes douées d'une réelle capacité d'analyse ? Mona Chollet a dit dans son article que, surprise par « l'engouement médiatique autour de *Je suis noir et je n'aime pas le manioc* », elle a décidé de lire le livre, ce qui, j'en conviens, est une sage décision. Beaucoup – Noirs en majorité – se sont arrêtés au titre jugé iconoclaste et m'ont néanmoins critiqué avec une verve d'exégètes aussi infaillibles que le pape quand il parle *ex cathedra.* Ayant donc lu le livre, Mona Chollet comprend tout. D'ailleurs, elle avoue ne pas avoir grand mérite car, nous apprend-elle, « il n'est pas très difficile de deviner les raisons » de cet engouement médiatique. Ces raisons, elle nous les livre:

« Les Français n'aiment rien tant que les étrangers qui viennent les conforter dans leur ethnocentrisme nombriliste, dans leur conviction que leur culture est le must absolu... et que les autres ne rêvent que de connaître la rédemption en faisant corps avec elle, en abandonnant sans regret les quelques particularismes pittoresques et plus ou moins barbares qui leur tiennent lieu, à eux, les pauvres, de culture. »

Je ne sais pas dans quel passage de mon essai j'ai dit quelque chose qui mérite que je sois qualifié d'*étranger*, un étranger confortant la France dans l'idée que les autres cultures sont des « particularismes pittoresques et plus ou moins barbares ». Le succès m'a rendu suspect aux yeux de Madame Chollet. Si mon livre a plu aux Blancs, c'est parce que le Negro de service joue leur jeu. C'est étrange comme les grands esprits se retrouvent au-delà des races. Madame Beyala m'a, elle aussi, accusé de faire le jeu du Front National.

Et je pense à cet autre monsieur blanc qui, au cours d'une conférence dans la belle librairie Anibwé, spécialiste des écrivains noirs, me reprochait très vertement de toujours prendre des exemples « négatifs » quand il s'agissait des cultures africaines. Les exemples que cet homme jugeait négatifs étaient le griot et le boubou, dont je dis tout simplement qu'ils ne font pas partie de ma culture, tout comme le biniou et la coiffe bigoudène ne font pas partie de la culture yougoslave. Avec Mona Chollet et cet homme, nous sommes en plein dans le drame des amis des Noirs. L'infériorisation inconsciente et le paternalisme rampant sont les canevas qui guident le regard qu'ils posent sur leurs anthracites amis. Ainsi, Mona Chollet ne conçoit les autres cultures (noires) que comme «pittoresques et barbares» et l'homme de la conférence les juge «inférieures». Alors inconsciemment mais néanmoins perfidement ils attribuent leur jugement à l'autre, surtout quand cet autre est noir et refuse qu'on l'enferme dans sa négrité. Quand je parlerais du kilt et du biniou, cet homme ne penserait jamais que je considère ces objets comme «négatifs».

Nous retrouvons ici une conviction assez ancienne des amis des Noirs. Il leur appartient de parler à la place des Noirs. Qu'un Noir s'aventure sur ce chemin, soudain ses amis ne le comprennent plus. «Nous sommes là pour t'aider. Reste dans ton coin, nous nous occupons de tout.» Nous l'avons vu avec l'analyse qu'Alice Cherki a faite sur l'accueil réservé à *Peau noire, masques blancs* de Fanon. «S'il est admis au début des années cinquante de se poser des questions sur les Noirs, il revient alors aux penseurs blancs de les expliquer. Cela pouvait faire partie de l'univers intellectuel. Mais qu'un Noir s'y emploie, bouleversait cet univers[106]» Nous sommes alors dans les années cinquante. Aujourd'hui, le problème reste le même. Mona Chollet n'admet pas que j'interpelle son ami noir, que je le responsabilise, que, mouton, je revendique que l'on ne bêle pas à ma place. Comme cet autre tiers-mondiste qui en Corse, surpris de voir que je ne mettais pas tous les malheurs de l'Afrique sur le dos des Blancs, s'est écrié : « c'est étrange d'entendre un *Africain* parler ainsi.»

Un autre élément intéressant dans le discours de Madame Chollet. Je suis français et je revendique l'enracinement, même symbolique, à un terroir, la Bourgogne. Cependant, pour la pourfendeuse des encouillonneurs, je fais partie de ces *étrangers* qui confortent la France. Je suis donc un étranger. Lapsus

---

[106] Alice Cherki, *op. cit.*, p. 44.

oh! combien révélateur ! En effet, tout comme mon interlocuteur corse, mais tout autant comme les racistes déclarés,
conscients et fiers de l'être, inconsciemment, elle ne saurait
accepter que je puisse revendiquer la Francité qui, pour elle,
est supérieure à ces nations aux cultures *pittoresques et barbares*. Et pour qu'il n'y ait aucun doute sur la place qu'elle
m'accorde dans la nation France, Madame devient plus précise
et plus raciste, et moi, je deviens *métèque*. « Il faut dire qu'en
plus Gaston Kelman tombe à pic. On avait bien besoin d'un
métèque aussi exemplaire pour se remonter le moral au
moment où toutes ces petites emmerdeuses nous front tellement suer avec le bout de chiffon dont elles s'obstinent à s'en-
tourer la tête. » Le terme « métèque », comme nous le dit la cen-
tième édition du *Petit Larousse* 2005, est une « injure raciste »,
qui définit « l'étranger établi en France et dont le comportement est jugé défavorablement ».

Je suis étranger, je suis métèque. En effet, le Noir ne peut
être qu'étranger et de gauche, tenant un discours misérabiliste.
Qu'il refuse d'entrer dans cette définition et il devient suspect.
Ce commentaire d'Anne Borrel de la revue *Technikart* (avril
2005) est édifiant. Pour elle, il y a chez les Noirs une espèce sus-
pecte, composée de ces « libéraux ambitieux, cadres bon teint
avides de s'arrimer au lobby pour la discrimination positive.
Figure de proue : Gaston Kelman, auteur de *Je suis noir et je
n'aime pas le manioc*. Il est l'incarnation du noir *coupé à la
crème* qui sacrifie sur l'autel de la réussite ses origines africaines (pour ne pas dire *tiers-mondistes*) ». Dont acte ! Pour être
cadre bon teint, il m'aura fallu sacrifier mon teint, ma négrité,
en *la coupant à la crème*, mes origines africaines et même mon
tiers-mondisme. Il n'est évidemment pas possible, pour les
amis des Noirs, d'être noir, cadre et français.

Pour les Blancs racistes, je suis capuccino.

Pour les amis des Noirs, je suis coupé à la crème, c'est-à-dire... cappuccino.

Pour en revenir à Mona Chollet, il est vrai que je tombe à pic, mais pas pour la France. Je tombe à pic pour Mona Chollet. Et parce que moi le métèque, l'étranger, j'aime la France et le dis, je deviens un prétexte inespéré pour elle. En effet Madame Chollet appartient à cette race quasi pathologique de Français grincheux et masochistes, que le patriotisme hexagonal insupporte ; patriotisme tout à fait logique que clament les Américains born-in-the-USA, ainsi que toutes les autres nations.

Madame Chollet, m'a-t-on dit ici et là, a commis une critique objective de mon livre. Je voudrais en convenir. Cependant il est intéressant d'analyser l'une de ses affirmations, celle qui a rencontré l'assentiment quasi général. La voici donc :

À aucun moment il (Gaston Kelman) n'envisage l'hypothèse d'une culture de l'entre-deux dans laquelle on réunirait librement ce à quoi on est attaché à la fois dans la culture dominante du pays où l'on vit et dans sa culture d'origine.

Je ne mets pas en doute la bonne foi des internautes qui se sont laissé piéger par ce pseudo-humanisme, exemple prototypique, caricatural de la fausse bonne idée. Dans *Je suis noir et je n'aime pas le manioc*, je fustigeais avec la plus grande véhémence les propos de ces intellectuels naufrageurs qui nous apprenaient que la polygamie était un facteur d'intégration des Noirs en France, que la France ne devait pas corrompre ses Noirs en les laissant accéder aux produits de consommation de masse comme la télévision ou le téléphone. Avec à peine plus de finesse, Madame Chollet dit *exactement* la même chose. Et c'est cette finesse qui aggrave justement le risque de l'adhésion des gens de bonne foi.

Tout est dans le *librement*, dans cette liberté qu'elle accorde un peu trop rapidement, un peu trop inconsciemment, un peu trop légèrement aux immigrés. Ai-je jamais condamné *la culture de l'entre-deux* alors que je déclare d'entrée de jeu: «Je suis Noir et je n'aime pas le manioc en tubercule, mais je ne dis pas non au manioc en *ntumba*; je n'aime pas le plantain vert mais *aloko frit*; je n'aime pas les chenilles mais les huîtres ; j'aime la viande en sauce graine de mon amie Sylvie Nguessan autant que le steak tartare et la pièce du boucher bien saignante de *Chez Ginette* ou faite par mon amie Mireille Moulin[107]. » N'ai-je pas exercé ma liberté de choix à travers ces images tirées de la gastronomie? Ai-je manifesté une quelconque opposition au respect des libertés des uns et des autres, quand je dis haut et fort que tout est affaire de choix et qu'ensuite, l'on assume ses choix? Mais justement, tout est dans les choix, la capacité de les faire en connaissance de cause, en tenant un juste compte des inaliénables exigences morales, climatiques, environnementales, sociales, économiques du pays où l'on vit. Et s'il prenait à un ami aborigène l'envie de manifester sa liberté de conserver ce à quoi il est attaché dans sa culture d'origine, en se promenant nu sur la banquise ou sur le champ de mars, aurions-nous le droit de le laisser mourir de froid ou de se faire embarquer par la maréchaussée?

Des hommes et des femmes, guidés par les générosités coupables et inconscientes des Mona Chollet, ont donc choisi – *librement*, cela va sans dire – de ne pas apprendre le français. Ils vivent en France depuis des décennies et aujourd'hui, ils ont compris, à leurs seuls dépens, que leurs amis les avaient

---

[107] Gaston Kelman, op.cit., p. 14.

conduits vers une impasse. Au passage, elle me critique de récuser le terme *black* et de prôner l'usage de la langue française. Et elle ironise : « On croit voir d'ici Bernard Pivot ôtant ses lunettes pour essuyer une larme. » Et avec ça, le Bernard en question ne m'a même pas invité à son émission ! Je continue à professer qu'il est vain d'encombrer la langue française d'anglicismes inutiles et édulcorants. Mais poursuivons notre pointage de quelques choix *libres* que certains immigrés ont faits, ou seraient tentés de faire, si par malheur, ils tombaient sur la caution que leur apporte Mona Chollet.

Des hommes et des femmes vivant en France ont choisi *librement* de pratiquer sur leurs filles, nées en France, l'excision et l'infibulation qui sont courantes dans leur culture d'origine et désormais interdites en France, devenant ainsi logiquement hors la loi. Des hommes et des femmes ont choisi d'imposer en France et à des petites Françaises préadolescentes de douze, treize ou quatorze ans, des mariages avec d'augustes quadragénaires ou de déclinants quinquagénaires, polygames bergers sahéliens ou agriculteurs dans un Oued algérien. Des hommes vivant en France ont choisi la polygamie et se sont constitué des familles pléthoriques de trois épouses et dix-huit enfants dans des F5 de la banlieue parisienne ou lyonnaise. Des hommes et des femmes shootés jusqu'à l'overdose, à des traditions archaïques, ont éduqué leurs filles à la soumission ; ont condamné leurs filles à mort parce qu'elles avaient flirté avec un mécréant. Des hommes, travestissant la pensée religieuse, ont couvert leurs filles de voiles, battu ou répudié leurs femmes, parce qu'ils avaient choisi de respecter cet aspect de leur culture d'origine. Des hommes et des femmes, au mépris des droits de l'homme et des lois de notre pays, mais en respectant les pratiques de chez eux, ont choisi librement d'introduire de petits esclaves dans leurs appartements parisiens, pauvres gamines et gamins déshérités, taillables et corvéables à merci.

Je demande humblement à Madame Chollet la permission d'arrêter là cette liste des horreurs d'une liberté liberticide, à la sauce perfidement négrophile et xénophobe.

Le Blanc de manière générale traîne ce sentiment de culpabilité qui le pousse à adopter comme mode relationnel avec le noir une indulgence permanente. Respecter l'étranger, fût-il Noir, c'est lui montrer les limites au-delà desquelles sa liberté devient illusion ou mirage meurtrier. Sinon, on est dans la sphère des générosités coupables qui font plus de mal que les racismes les plus virulents. Quand quelqu'un me dit : « Je n'aime pas les Noirs », il s'attend fort logiquement à ce que je lui montre mes poings. Et beaucoup seraient portés à le faire. Le raciste comprend que c'est normal que l'on réagisse ainsi à la haine. Quand quelqu'un me dit: « j'aime les Noirs », il s'attend tout aussi logiquement à ce que je lui montre mes dents. On pourrait le faire, mais pour le mordre. Et il criera alors à l'ingratitude. Mais je vous ai dit que j'aimais les Noirs ! Qu'est-ce que vous voulez de plus ? Il ne sait pas que les deux propositions sont inversées, mais qu'elles découlent du même raisonnement : *ils sont tous pareils*.

Les générosités naïves des jeunes

Les jeunes sont eux aussi victimes de ces élans de générosité naïve. Quel collégien, quel lycéen n'a pas eu comme camarade de classe un Arabe ou un Noir? Quel lycéen, sans se poser de questions sur la légitimité de son action, ne descendra dans la rue pour s'opposer à la reconduite à la frontière de Fatoumata ou de Kakoko, en situation irrégulière en France? Lequel, notamment parmi ceux de la France d'en bas, ne sera prêt à partager sa chambre et son pain avec son camarade de

97

classe noir vivant seul en France, dans des conditions résidentielles précaires? Évidemment, papa et maman diront non, car il ne leur appartient pas de gérer la misère du monde. Quel adolescent ne fera pas tout pour aider Aminata à échapper à un mariage forcé?

L'adolescence, c'est l'âge des générosités, de l'humanisme. On est alors convaincu que le racisme est une faute doublée d'un anachronisme, depuis que nous savons qu'il n'y a qu'une race, la race humaine. On se dit que les temps ont changé et que le racisme à l'embauche ne sévira pas quand on sera adultes, que les choses évolueront d'elles-mêmes. J'ai longtemps pensé que le temps viendrait à bout de la ségrégation à l'emploi, au logement ou tout simplement à la boîte de nuit. J'ai longtemps pensé – puis espéré – que dès la deuxième génération, les choses changeraient.

Les choses changents, et en profondeur. Mais le coût du changement est supporté par un seul et même groupe. L'effort pour faire avancer l'ascenseur social est supporté par les seuls enfants issus de l'immigration. Ils vont dans les mêmes écoles, ont les mêmes diplômes. À la différence de leurs parents qui, face aux discriminations, baissaient les bras et acceptaient ce qu'on voulait bien leur accorder, ils n'acceptent pas les boulots d'immigrés, et même si cela leur prend un temps plus long que la moyenne nationale, même si souvent ils n'accèdent pas au niveau qui correspond exactement à leur compétence, ils s'en approchent.

Même si certains parents ne cessent de leur empoisonner l'espoir en leur disant chaque fois qu'ils rencontrent une difficulté : « Mon fils, il faut bien accepter, tu n'es pas chez toi », ils avancent. Même si les médias ne présentent que ce qui va mal, la réalité c'est que les choses avancent parce qu'ils se battent. Seuls. Abandonnés par les adultes de tous bords, mais aussi par leurs camarades de classe d'hier qui, à l'heure où vient l'âge adulte, l'âge des combats individualistes pour la (sur)vie, pour la (super)vie, oublient leurs engagements, leur foi et leurs combats de jeunesse. Sinon, comment expliquer qu'à l'heure où le patronat français est fortement représenté par des quadragénaires qui ont tous fait l'école avec des enfants d'immigrés, les ont côtoyés depuis l'enfance, comment expliquer que l'enfant d'immigré et même son propre enfant, continuent à subir le parcours du combattant pour décrocher un emploi, alors même que le patron est jeune, de leur génération ; continuent à être en butte aux stigmatisations sur les bancs des écoles alors que les enseignants ont majoritairement entre vingt-cinq et trente-cinq ans ; continuent à être renvoyés à leurs origines qu'on ira leur faire découvrir, au cours d'un voyage dans un village sahélien – qu'importe si leurs parents viennent du Congo, du Gabon ou des Antilles –, alors que les acteurs sociaux sont tous jeunes ?

Je n'oublierai pas l'histoire si édifiante que m'a contée cette actrice sociale. Elle a été convaincue par la pertinence de mes propos qui revendiquaient pour les enfants issus de l'immigration les mêmes traitements que ceux appliqués aux autochtones. Ainsi pour le carnaval de son quartier, elle a habillé tous les enfants de costumes régionaux, au lieu, comme c'est l'habitude, d'habiller les petits Noirs à l'africaine, les petits Maghrébins en Arabes et les petits Blancs en costumes régionaux. Et divine, elle vit que cela était bon. Puis elle s'est souvenue de l'autre erreur qu'elle faisait. Ou plutôt, elle en a pris conscience en entendant la réponse que lui faisait un petit Noir. Quand elle présentait les lions, les girafes et autres éléphants aux enfants noirs, elle leur disait : *ce sont les animaux de chez vous.* Ce jour-là, à la question de savoir où l'on trouvait les girafes et les lions, un enfant noir lui a répondu qu'on trouvait ces animaux dans la forêt du coin. Elle a compris son erreur, alors que quelques jours auparavant, c'est au gamin qu'elle aurait fait le reproche d'être dans l'erreur.

Je n'oublierai jamais Franck le vigile. Ce n'est pas son vrai nom, mais préservons son anonymat. Franck est un jeune homme noir titulaire d'un diplôme de troisième cycle. Il m'a raconté un jour son histoire. Il a été à l'université avec deux jeunes Blancs de son âge qui sont devenus ses meilleurs amis. Un garçon et une fille. Après leurs études, le garçon a épousé la fille et tous deux se sont fort logiquement retrouvés dans des emplois de cadres. Quant à Franck, il est devenu vigile dans un magasin. Mais la belle histoire ne s'arrête pas là. Est-ce que le jeune Noir a fait tout ce qu'il fallait pour ne pas être vigile, pour décrocher un emploi plus conforme à ses compétences ? Est-ce que conscient de l'indéniable ségrégation raciale à l'embauche des cadres, il s'est donné toutes les chances à travers la présentation de concours par exemple ? Dans notre histoire, cette question n'a pas d'importance. Ce qui est important, c'est que malgré sa nouvelle situation professionnelle si différente de la leur, ses amis ne l'ont pas lâché. Ils l'invitent, ils se fréquentent. Je suis convaincu que si Franck avait été un Blanc, ses amis se seraient éloignés de lui, comme on s'éloigne peu à peu d'un ancien collègue de service frappé par le chômage. En effet, ils se seraient dits que soit leur ami n'est pas ambitieux, soit il a une poisse d'enfer, deux catégories également infréquentables. La *chance* de Franck, c'est qu'il est noir. Et cet aspect accessoire de son identité l'emporte sur tous les autres, notamment le niveau universitaire, la catégorie socioprofessionnelle qu'il est en droit d'ambitionner. Tout à fait inconsciemment, les amis de

Franck pensent que pour un Noir, la position de vigile est acceptable, même avec une formation de haut niveau.

À l'âge adulte, la jeunesse déplace ses générosités naïves et accepte le Noir avec son destin de Noir. À l'âge des combats égoïstes, il est rattrapé par ses appartenances primaires : le Noir peut occuper des postes subalternes car c'est pour cela qu'il a été admis en terre française. Généreusement, on ne le rejette pas. À la différence des générations antérieures, on ne se sent pas supérieur à lui, mais on ne descendra pas dans la rue pour exiger pour lui un emploi conforme à ses compétences, comme on l'a fait jadis pour défendre Kakoko et Fatoumata.

Rien n'est jamais acquis, jeunesse. Il faut tout conquérir, même votre grandeur d'âme.

IV - LES TOURMENTS MÉLANODERMES
OU LE SYNDROME DU NOIR MAUDIT

> Définition de l'intellectuel africain : personne à peau noire formé dans les universités blanches qui conduit une voiture allemande, regarde le cinéma américain, boit du champagne français dans un cristal italien en grignotant des friandises suisses, assis sur un fauteuil anglais, puis grisé, prend son stylo et pond un article au vitriol contre l'apprentissage du français dans les écoles africaines.
>
> (Anonyme)

Vivre n'est pas jouer.

L'irruption de la problématique noire dans le débat sociétal français a fait émerger des situations et des personnages hérités de la colonisation et enfouis dans les inconscients blancs et noirs. En effet, si je nie l'existence d'une culture noire ou africaine, il est par contre indéniable qu'il existe un inconscient collectif noir, une mémoire, un formatage du Noir qui sont les héritages du contact douloureux avec le Blanc.

J'ai proposé des définitions assez précises, je l'espère, des notions de valeurs, culture et traditions, pour qu'il soit encore nécessaire que j'y revienne[108]. Mais je pense qu'il est indispensable de définir ici les notions de mémoire et de formatage de l'inconscient.

Il y a la mémoire, patrimoine historique qui est support du passé commun à un groupe. Cette mémoire est de l'ordre de l'absolu, de l'affectif qui module un événement réel, historique, par rapport à la sensibilité du narrateur. Elle se transmet dans un groupe, permettant la formation d'une espèce de mythologie. Cette mémoire s'oppose à l'histoire qui se veut savoir, relation de faits, reconstitution problématique du passé. Ainsi, au Cameroun, et notamment au sein du peuple bassa, il y a l'histoire de la guerre d'indépendance et il y a la mémoire de cet événement. Et du point de vue de la mémoire, certains pensent que le héros bassa de la guerre d'indépendance, tué dans le maquis par l'armée française, est toujours vivant.

Il existe aussi un formatage social qui se rapproche du patrimoine mémoriel instinctif. C'est pendant un séjour aux Antilles que l'intervention d'une personne du public de la médiathèque de la commune de Gosier, non loin de Pointe-à-Pitre, m'a permis de mettre un mot sur cet autre moteur du comportement humain. Si cet intervenant lit ce nouvel épisode des transcriptions de mes angoisses, qu'il sache que ma gratitude lui est assurée. Le formatage, c'est le résultat d'une transmission de groupe, transmission inconsciente, négative, aliénatrice. La culture diffère du formatage du fait qu'elle est transmission

---

[108] Gaston Kelman, *op. cit.*

consciente et indispensable à l'adaptation à un milieu social et à une époque. Le complexe d'infériorité du Noir vis-à-vis du Blanc s'acquiert donc à travers un arsenal linguistique, historique, anecdotique que les générations se transmettent en Afrique ou aux Antilles. Il en va de même de l'importance accordée au taux de mélanine dans les rapports sociaux aux Antilles. Quand on a martelé son infériorité au petit Noir d'Afrique ou des Antilles à travers cet arsenal, quand on l'a formaté à la beauté et à la supériorité du Blanc, ces éléments s'inscrivent viscéralement dans ses rapports avec le Blanc.

L'infériorité du Noir est un élément de ce formatage de l'Africain que décrit Sagot-Duvauroux dans son livre *On ne naît pas noir, on le devient* [109]. Déjà, en 1985, Dany Laferrière concluait son livre culte par une sentence identique : « On ne naît pas nègre, on le devient[110]. » Malgré les prises de position de Fanon (1952), de Laferrière (1985) ou de Sagot-Duvauroux (2004), l'opposition Noir-Blanc persiste, tenace. Cependant, cette opposition n'est pas inscrite dans la mémoire intemporelle de l'espèce pour assurer sa survie. C'est un formatage social qui a permis l'infériorisation du Noir, pour justifier la domination idéologique du Blanc. Un travail fondé sur ce formatage permettrait son éradication. C'est toujours cette idée que défend Frantz Fanon, quand il va jusqu'à nier l'existence du Juif, du Noir et du Blanc, affirmant que c'est le regard de l'autre, porteur d'une charge aliénatrice spécifique, qui les fabrique.

Le modèle colonial français s'accompagnait d'une mission civilisatrice. Il reposait sur un triptyque institutionnel : le code de l'indigénat, l'assimilation et la formation d'une élite locale. Le code de l'indigénat était un régime administratif asservis-

---

[109] Alain Sagot-Duvauroux, *On ne naît pas noir, on le devient*, Albin Michel, Paris, 2004.
[110] Dany Laferrière, *Comment faire l'amour avec un Nègre sans se fatiguer*, Le Serpent à Plumes, Paris, 2004.

sant appliqué aux indigènes des colonies françaises et qui ne sera aboli qu'en 1946. Il se fondait sur le postulat de l'infériorité de ces populations. La mission civilisatrice et assimilationniste de la France supposait que l'on fît table rase des cultures locales et que l'on imposât la culture du colonisateur, la seule digne de ce nom. Cette prétention du pays des Lumières à imposer sa culture jugée supérieure, à faire table rase du fondement culturel des sociétés locales, va faire des ravages dans l'inconscient collectif des deux groupes. Enfin, se détachaient de la population indigène, des spécimens dits *évolués*, ayant assimilé assez de *civilisation* pour mériter la reconnaissance du Blanc et en être les supplétifs auprès de leurs *frères*.

Le formatage social du Noir et du Blanc, à travers ce triptyque colonial, a généré des comportements qui sont aujourd'hui à la base de certains problèmes des Noirs en France et partout dans le monde, dans la relation du Noir avec les autres races qui ont souvent pris modèle sur le comportement du Blanc. Ces comportements peuvent être ainsi désignés : le dolorisme, l'autodestruction ou les guerres intestines, le syndrome du peuple maudit ou la tentation de l'autarcie idéologique.

Le dolorisme

« Le dolorisme est une tendance naturelle à exagérer les douleurs et à les imputer à autrui[111].» Albert Memmi attribue cette attitude aux populations des anciennes colonies et aux Noirs en particulier. Le dolorisme c'est aussi la tendance à exalter la valeur morale de la douleur. « Tant que les Noirs ne se seront pas débarrassés de ce dolorisme, de ces pseudo-explications, qui sont des alibis, ils ne pourront pas analyser correctement leur condition et agir en conséquence[112].» Les Noirs et les Noirs

---

[111] Albert Memmi, *Portrait du décolonisé*, Gallimard, Paris, 2004, p. 34.
[112] *Ibid.*

africains en particulier entretiennent donc ce qu'Olga, une amie peintre rencontrée au festival Africajarc, appelait avec la malice qui fait son charme, *le culte victimatoire*. Ce que moi je nomme la *diagonale de la souffrance et du malheur*.

Je me souviens de cette belle enfant noire et surdouée – sortie tout droit de la chanson de Diana Ross, *Young, gifted and Black* (jeune, douée et noire) –, née sur les bords de la Seine. Elle avait vingt ans, le bel âge. Elle menait de cerveau de petite-maîtresse de brillantes études universitaires. Elle avait tout pour réussir et le reste pour plaire au plus exigeant des hommes. Le roi des racistes se serait converti à la tolérance raciale devant cette friandise pensante sur pied. Elle avait tout pour voir la vie en chocolat, chose tout à fait normale pour la parfaite marron clair[113] qu'elle était.

Un jour, elle m'a exprimé la satisfaction qu'elle avait éprouvée à la lecture des thèses de *Je suis noir et je n'aime pas le manioc*. Mais elle n'épousait pas entièrement mon approche. Je l'ai rassurée en lui disant qu'elle n'était pas la seule dans ce cas, que ce n'était pas une maladie et que sa situation n'était donc pas désespérée. Elle me dit qu'il ne fallait quand même pas que j'oublie que nous avions été esclavagisés et colonisés et que nous avions donc beaucoup souffert.

J'ai passé beaucoup de temps à essayer de la convaincre que quand on a vingt ans en l'an 2004, quand on a un père et une mère d'origine camerounaise, il y a très peu de chance que l'on ait été esclavagisé ou asservi d'une quelconque manière. Pour la rassurer un peu plus et détendre l'atmosphère, je lui ai dit que nous n'étions pas en Haïti, au Soudan ou en Mauritanie, pays qui pratiquaient encore l'esclavage, et que les lois de son pays,

---

[113] Dans *Je suis noir et je n'aime pas le manioc*, m'appuyant sur l'affirmation de ma fille « Je ne suis pas noire, je suis marron », je définissais les filles noires de France comme des Marrons et non des Blackettes. La marronnité étant une quête de compromis pour une bonne insertion dans ce pays qui se croit encore *terra alba*.

la France, assuraient une protection assez efficace contre l'es-clavage moderne. Je lui ai dit que moi qui avais l'âge de ses parents, je n'avais jamais été esclavagisé par personne et que je ne passais pas mon temps à me considérer comme un ex-colo-nisé, bien que je fusse né avant les indépendances des pays afri-cains. Cette enfant, en héritière d'une névrose ordinaire, savait très bien qu'elle n'avait jamais été l'esclave de personne. Mais les adultes blancs et noirs lui avaient appris qu'il était de bon ton de le prétendre. C'était politiquement correct. Le comique métis Dieudonné, de père d'origine camerounaise et de mère normande, ne nous apprend-il pas dans le journal *Le Monde* du 22 février 2005 qu'il doit cette explication à ses enfants : « Voilà, tes ancêtres n'étaient pas forcément gaulois, tu es descendant d'esclave et voilà comment les choses se sont passées. » De quel esclavage s'agit-il ? De celui peut-être possible des Vikings sur les Celtes, ses ancêtres du côté de sa mère ? De celui dont se van-tent les Bassa du Cameroun sur les Bétis, origine de son père ? Quel tourment existentiel, quel formatage destructeur, peuvent pousser ainsi un homme à s'attribuer – ou à laisser qu'on lui attribue – une frustration dont il n'a jamais été victime ?

Dans son livre *Portrait du décolonisé* [114], Albert Memmi raconte cette anecdote tirée du film de Spike Lee, *Do the Right Thing*. « Un Asiatique, ou un Italien, ouvre un restau-rant à Harlem. Il travaille d'arrache-pied, les horaires sont élastiques ; toute la famille s'y met, pour éviter d'embaucher du personnel rétribué, pour payer moins d'impôts. Résultat, au bout de quelque temps, tout le monde vit dans une aisance relative. Les Noirs du quartier, d'abord goguenards, sont furieux... Pourquoi ne font-ils pas comme les Asiatiques ou les Italiens ? Mes amis ont posé la question. Réponse aga-

[114] Albert Memmi, *op. cit.*

cée ! "Ces gens-là s'entraident. Dès leur arrivée, ils sont pris en charge par les leurs"[115]. »

On se croirait à Château-Rouge[116]. On se croirait d'autant plus à Château-Rouge que ce sont les mêmes Asiatiques qui tiennent les commerces des produits africains et ce sont les mêmes réponses qui m'ont été données quand j'ai posé les mêmes questions aux Noirs parisiens. Et pourtant tout le monde vous dira que la solidarité est africaine, que les Maliens, les Guinéens et autres Sénégalais immigrés font vivre des villages entiers en Afrique, font construire des écoles et des mosquées, font forer des puits. Où est-elle donc allée cette solidarité que l'on ne trouvera pas sur les noirs trottoirs de Château-Rouge ? Tout le monde vous dira que le Bamiléké est un marchand hors pair qui ferait fortune en vendant de la glace en terre Adélie ou du sable au Kalahari. Mais la citation de Memmi mérite d'être poursuivie.

Ses amis ne sont pas satisfaits par cette vague réponse et comme ils insistent, on les met dans le cœur du problème. Nous les Noirs, n'arrivons pas à faire comme les Asiatiques, « parce que nous avons été esclaves[117]. » Les amis de l'auteur manifestent un légitime étonnement. « Mais vous ne l'êtes plus depuis longtemps[118] ! » L'auteur conclut par cette explication : « Les Noirs américains ne sont pas des décolonisés ; bien qu'ils en aient certains traits... Mais il s'agit des mêmes réponses de fuite, c'est encore la faute à l'Histoire[119]. » Nul ne nie les dégâts causés dans l'inconscient collectif noir par l'esclavage. Mais il faut justement prendre conscience du fait que l'on reste la seule

---

[115] *Ibid.*, p 34.
[116] C'est un marché parisien du 18e arrondissement qui tire son nom de la station de métro qui le dessert. Il est presque exclusivement fréquenté par les Noirs qui y trouvent les produits de leur pays. La quasi-totalité des commerces est détenue par des Asiatiques.
[117] Albert Memmi, *op. cit.*, p. 34.
[118] *Ibid.*
[119] *Ibid.*

victime de l'Histoire si l'on ne trouve pas les ressorts nécessaires pour sortir de la prison du passé, de la dictature du passé.

Le Noir africain se sent obligé de s'approprier l'esclavage parce que la colonisation ne suffirait pas à expliquer son comportement, à justifier la perte de Château-Rouge, puisque l'Asiatique, le *boat people* qui lui a soufflé Château-Rouge, puisque le Tamoul qui lui vend les cartes téléphoniques prépayées, puisque l'Arabe qui a piqué les épiceries aux autochtones, condamnant à mort les supérettes de type Félix Potin, eux aussi sont des décolonisés. C'est pour cela que les adultes ont appris à la jeune fille de vingt ans que sa race avait été esclavagisée.

Nous sommes tombés dans la marmite de la potion d'hypocondrie mentale, qui nous pousse à la quête permanente du malheur. De même que Madame Kabou se demandait si l'Afrique ne refusait pas elle-même le développement, de même on a l'impression que l'homme noir refuse obstinément le bonheur. Fanon, quant à lui, affirme que « le tiers-monde donne souvent l'impression qu'il jubile dans le drame et qu'il lui faut sa dose hebdomadaire de crises[120]». Les malheurs dont ont été victimes les ancêtres de certains Noirs, sont récupérés par tous. Ainsi, ils sont toujours à rappeler l'esclavage, la colonisation dont *le Noir* a souffert. On pourra longtemps utiliser ces malheurs pour justifier le retard de l'Afrique. Ce sera pour un temps plus ou moins long. Cela ne pourra être éternel. Pour parodier Abraham Lincoln, nous dirons : *vous pouvez culpabiliser une partie du temps tout le monde, une partie du monde tout le temps, jamais tout le monde tout le temps.*

Si les Noirs américains ont connu un retard au démarrage, ce n'est pas tant à cause du fait qu'ils ont été des esclaves. Mais c'est essentiellement parce qu'ils ont été longtemps des

---

[120] Frantz Fanon, *Les Damnés de la terre*, La Découverte/Poche Essais, Paris, 2002, p. 80.

post-esclaves, parce qu'on a longtemps entretenu dans leurs têtes qu'ils n'étaient rien d'autre que des descendants d'esclaves, ce que beaucoup refusent désormais d'être. C'est parce que, après l'abolition, le pouvoir blanc les a relégués dans une éternelle position de subalternes, d'hommes de seconde zone, ne pouvant jamais égaler le Blanc. Aujourd'hui aux USA, pour beaucoup de Noirs, l'autopromotion passe par le désir de présenter une histoire positive, de sortir de la litanie nihiliste de l'esclavage et dont ils ont l'impression qu'elle fait les délices de l'homme blanc. Ce désir de présenter les Noirs comme des gens qui réussissent, se manifeste « dans les collèges de certains campus... par la demande de la part des étudiants noirs d'une histoire qui passe l'esclavage sous silence. En lieu et place, ils veulent savoir ce qu'était le peuple noir avant sa mise en esclavage[121]. »

Inconsciemment, le dominant a intérêt à ce que le dominé reste dans ses éternelles complaintes qui lui bouffent toute énergie et ne lui laissent pas le temps et les moyens de penser positif. Souvent on observe des scènes caricaturales. Nous étions invités à un festival africain. La table ronde réunissait plusieurs écrivains *africains* dont deux jeunes femmes, une Antillaise et une Française de profil hindou, originaire de l'île Maurice, et moi-même, français par excellence mais africain pour tous. Donc, aucun de nous n'était africain. Mieux, aucun de nous n'avait écrit sur l'Afrique, mais nous étions noirs et donc africains. « L'Hindoue » avait écrit un excellent roman, prix RFO du livre[122]. « Ce roman historique fondé sur des faits avérés », comme le présente l'éditeur en quatrième de couverture, raconte l'immigration des Hindous sur l'île Maurice,

---

[121] Clarence E. Walker, *op. cit.*, p. 174.
[122] Natacha Appanah-Mouriquand, *Les Rochers de poudre d'or*, Gallimard, Paris, 2004.

recrutés par les colons pour remplacer les esclaves noirs après l'abolition de la Traite. Dans le bateau qui les emporte, nous rencontrons « un exilé volontaire et nostalgique sur les traces de son frère, un paysan meurtri par la misère et la domination des propriétaires terriens, une fascinante veuve au sang royal fuyant le bûcher, un candide joueur de cartes espérant trouver l'eldorado de l'autre côté...[123] », rien que de banals migrants très heureux de partir, fuyant leur pays en quête d'un monde meilleur ; des immigrants assez semblables à ceux, blancs, qui s'exilèrent vers les nouveaux mondes américain et australien, dans la même quête d'une vie meilleure.

L'auteur, au cours du débat, présente ces tranches de vie, sans haine et sans colère, raconte la réalité mauricienne d'aujourd'hui, où l'ascenseur social a bien fonctionné pour les descendants de ces migrants. Le modérateur blanc a tout essayé pour lui faire avouer que ces Hindous avaient vécu une condition d'esclaves, que le méchant Blanc les avait asservis, qu'ils avaient souffert la géhenne. Notre Hindoue ne s'est pas laissé enfermer dans cette approche misérabiliste, disant qu'il s'agissait de migrants à qui on avait promis une vie meilleure et dont beaucoup d'ailleurs fuyaient une situation servile, peu enviable. Devant l'entêtement de la jeune dame, le modérateur a essayé de trouver son bonheur dans une connivence avec moi, le prototype universel du pauvre malheureux, pour dénoncer les méfaits de l'esclavage, de la colonisation et du néocolonialisme dans les pays africains. Il s'est vite rendu compte qu'il se trompait de route. Il aurait dû en être averti d'ailleurs, puisque nous nous étions rencontrés quelques jours plus tôt et qu'il avait eu un avant-goût de mes positionnements par rapport à ce sujet. Mais le bougre était entêté.

---

[123] *Ibid*, quatrième de couverture.

Le problème du gamin noir de banlieue, ce n'est pas que le pays d'origine de ses parents a été colonisé. Le problème du gamin noir de banlieue, c'est qu'on le regarde à jamais comme un ex-colonisé, le fils d'un éboueur analphabète, un futur subalterne. Le problème du petit Marcus Thuram, ce ne sont pas ses ascendants. Son père, riche comme un champion de foot, est parmi les personnalités les plus aimées, les plus respectées et les plus connues des Français. Le problème de ces enfants, ce n'est pas ce qu'ils sont, mais ce que l'on voudrait qu'ils soient de toute éternité, ce que l'on pense qu'ils sont. On les considère aujourd'hui comme des inférieurs, parce qu'on se dit que leur race a été esclavagisée parce que cela était écrit ; colonisée parce que colonisable ; et qu'ils continuent à macérer dans une infériorité originelle. Ainsi, même le diplôme ne leur permettra pas de convaincre l'autre qu'ils peuvent atteindre son niveau.

Ce qui me rend subalterne, ce n'est pas ce que je suis, c'est ce que l'on pense que je suis et que souvent j'accepte d'être. Et je suis noir parce que l'on me voit ainsi, alors que je me sens d'abord homme. Ensuite, je me sais homme. Enfin, je ne suis qu'homme. D'une banalité implacable ! Je ne porte sur mon visage aucun stigmate de la douleur qui permette que l'on me définisse comme quelqu'un qui a beaucoup souffert. Y aurait-il une souffrance originelle comme il y a un péché originel ? Alors, abolissons ce fantasme de l'hérédité de la douleur, qui est déjà une forme d'autodestruction.

Très souvent, au sein des groupes dominés ou minoritaires, naît le sentiment de la toute-puissance du dominant. Ce sentiment envers le dominant s'accompagne d'une profonde déconsidération de l'*alter ego*, l'autre dominé. Situation commune à tous les dominés, comme le démontre cette blague juive. L'histoire se passe en Pologne peu avant la Deuxième

Guerre mondiale. Dans un wagon de train, un juif a posé les pieds sur la banquette en face de lui. Quand il entend des pas qui s'approchent, il s'empresse d'ôter ses pieds de la banquette. Peu après, la porte du compartiment s'ouvre. Se rendant compte que le nouvel arrivant (n')est (qu')un juif, il repose ses pieds sur la banquette.

À force de subir la violence du dominant, le dominé devient violent lui aussi. Seulement, le dominant est inaccessible, enfin pour le moment, et en tout cas pour une certaine catégorie de dominés qui n'a pratiquement pas de contact avec lui. En effet, deux groupes se seront formés dans le camp des dominés : d'un côté, ceux qui ne sortent pas de leur groupe et manifestent leur violence en son sein, et ceux qui, ayant été au contact du maître, ont intégré de sa stratégie et s'organisent pour monter à l'assaut de la forteresse. Dans nos banlieues fragiles, les coupables et les victimes des crimes – vols, meurtres, viols, incendies de véhicules – appartiennent au même bord ethnoracial (Noirs, Beurs) ou spatial (habitants des quartiers pauvres) . La violence peut aussi se retourner contre d'autres « minorités » mieux loties comme les juifs ou les Asiatiques. Nous y reviendrons un peu plus loin. Mais c'est ce phénomène qui explique la scène de violence contre le Rital de *Do the Right Thing*, mentionnée plus haut, ou encore le comportement des jeunes dits de banlieue qui ont attaqué les *petits bourgeois* lors de la manifestation lycéenne de mars 2005.

Deux tentations vont donc émerger des groupes minoritaires qui feront régner, au sein de ces groupes, ce que nous avons appelé les *guerres intestines*. Il s'agit de *l'égalisation par le bas* et du *mythe de l'évolué*.

L'autodestruction de l'égalisation par le bas

Un homme arrive au paradis et constate que les locataires de ce lieu sont enfermés dans d'énormes marmites selon leurs origines : une marmite arabe, une marmite asiate, une marmite juive, une marmite noire... En fait, toutes les marmites sont fermées hermétiquement, à l'exception de celle des Noirs qui est on ne peut plus ouverte. Au visiteur surpris de cette singularité, Saint Pierre apporte l'explication : « Oh ! Ne vous en faites pas pour ceux-là. Dès que l'un d'eux essaye de s'échapper, les autres le tirent vers le fond de la marmite. »

L'Internet est un outil de communication exceptionnel. Où que l'on se trouve, on peut communiquer avec le monde entier, lire son courrier, travailler en temps réel avec son bureau à l'autre bout du monde. On peut aussi échanger avec le monde entier à travers des forums de discussions. La population noire de France, notamment la Jeunesse, a abondamment investi cet outil. Elle a créé des sites pour débattre sur les Noirs, présenter leur évolution, leur histoire, valoriser les succès et les personnalités et accueillir les opinions des uns et des autres sur les sujets d'actualité.

Certains sites dits *blacks*, source exceptionnelle de documentation, font un travail admirable de mise à disposition d'une riche information. Mais ils hébergent aussi, dans les forums, les débordements d'une faune qui profite de l'anonymat pour exprimer ses délires. Sous des pseudonymes parfois drôles, souvent psychédéliques ou pathétiques, une certaine jeunesse noire, engagée dans une chevalerie négro-donquichottesque, soutient des thèses ubuesques, use de l'invective et de l'insulte ordurière, dit tout et son contraire. Il n'est d'ailleurs pas exceptionnel de voir la même personne défendre des positions diamétralement opposées sur deux sites différents, ici prônant l'intégration au nom du respect du pays d'accueil, et ailleurs la maudissant au nom du respect de supposées valeurs nègres. J'ai été sonné de découvrir qu'un ami qui louait mon courage et la justesse du propos de mon essai *Je suis noir et je n'aime pas le manioc*, sous le couvert d'un anonymat mal foutu – il n'était pas bien difficile de le percer –, trouvait que ce même livre était aussi nuisible que le *Mein kampf* d'Hitler.

Sur ces sites, le succès médiatique des Noirs est diversement apprécié. Les sportifs et les athlètes sont plébiscités, les internautes récupérant inconsciemment cette affirmation selon laquelle les Noirs seraient faits pour le sport. La médaille d'or de la Camerounaise Mbango aux jeux Olympiques d'Athènes en 2004, y a soulevé un délire d'acclamations. Je me souviens de ce grand écrivain noir qui y est allé de sa louange pour « ce succès de la négritude » et m'a adressé un courriel dans ce sens. Que la victoire de la Camerounaise Mbango devienne celle de tout un continent et même de toute la négrité, pourquoi pas! C'est déjà mieux que *la défaite* du Sénégal en quarts de finale du Mondial de football de 2002, que l'on demandait aux Africains et à tous les Noirs de fêter. On acclame aussi sur ces sites les personnalités inaccessibles parce que n'étant plus du même monde, et ceux qui caressent l'afrocentrisme et la fierté noire dans le sens du poil.

L'événement suivant – l'annonce de la candidature de la princesse Esther Kamatari à la présidence de son pays d'origine, le Burundi – et la façon dont il a été accueilli sur le Net, illustrent ce que nous appelons *la tentation de l'égalisation par le bas*. Esther Kamatari est une princesse burundaise qui a connu un parcours pour le moins exceptionnel. Elle a été le premier top model noir de France. Sa grande beauté lui a ouvert l'accès aux plus grands noms de la haute couture comme Rabanne, Dior ou encore Lanvin. Elle mettra ensuite sa notoriété au service du Burundi, d'abord en essayant d'en relancer le tourisme par la création en 1987 de l'agence Burundi Expansion. En 1990, elle devient présidente de l'association des Burundais de France. En 1995, elle met en place un dispositif humanitaire pour aider les orphelins de son pays. Elle fait parvenir des tonnes de denrées alimentaires et de fournitures scolaires dans les camps des réfugiés.

Puis un jour de l'an de grâce 2004, au neuvième mois, voulant aller au bout de son engagement pour le Burundi, Madame Kamatari annonce sa candidature à l'élection présidentielle de 2005. Le sujet est porté sur le Web, un forum est ouvert sur le site *Grioo* et les réactions ne se font pas attendre. Sur les 36 premières enregistrées, 22 sont franchement hostiles, injurieuses, ordurières. 5 personnes la soutiennent clairement et les autres, heureux d'avoir un podium, exposent leur savoir en donnant d'inattendues leçons de démocratie, d'anthropologie ou encore d'ethnologie aux uns et aux autres. Parce qu'elle a participé à des défilés de mode de lingerie, ou est-ce parce que son mari est un homme blanc, on la traite à plusieurs reprises de pute (« qu'elle continue sa prostitution là où elle est ») et on lui reproche de s'être dénudée sur les podiums des Blancs. Il est évident que ce genre de reproche ne sera pas fait à une top model blanche que l'on sait inaccessible, qui ne s'aventurera pas sur ces sites. Les débordements verbaux ont pour objectif de nuire, de blesser ce membre prétentieux de la communauté qui croit pouvoir sortir de la marmite. Il s'est même trouvé une internaute pour nous faire découvrir que la princesse qui a illuminé la haute couture de sa beauté, était «laide à faire peur».

Autre détail qui revêt une importance capitale. Les plus farouches, les plus impitoyables, les plus injustes et les plus orduriers détracteurs de la princesse candidate sont les Burundais. Ce comportement pourrait prêter à sourire, seulement il est révélateur d'une tare que l'on rencontre beaucoup parmi les sociétés qui ont été longtemps dominées, ou les groupes minoritaires au sein d'une société majoritaire. L'exil est aussi générateur de ce comportement qui consiste à considérer le succès des membres du groupe comme une dénonciation de notre propre incapacité à réussir, incapacité dont nous accusons généralement le dominant.

Je parlais déjà dans mon précédent livre de tout le mal que les Camerounais pensent du succès de Nkom Hervé. Pour ce qui me concerne, on a essayé de minimiser mon succès de librairie. On a insinué que j'étais tout simplement le porteur d'un livre qu'un Blanc raciste avait écrit et qu'il ne voulait porter lui-même. Malgré la critique laudative de la majorité des observateurs, malgré l'analyse positive de la société lacanienne de psychanalyse, il s'est trouvé un psy autoproclamé pour dire que j'étais *plus à interner qu'à interdire*, que j'étais un *maniocodépressif*, portrait fidèle du bon Nègre. Enfin, on a trouvé que le livre était léger, qu'il n'avait aucune rigueur scientifique, reproche que l'on ne fera pas aux membres des autres groupes, comme Sagot-Duvauroux, Maalouf ou Bruckner, quand ils écriront des essais du même ordre.

« Si un Toubab avait écrit : Je suis blanc et je n'aime pas le fromage (ou le vin), ça ne choquerait personne. Alors, si les choses se passaient normalement, ton histoire de manioc ne devrait pas hérisser tant de bonnes consciences. » C'est en ces termes que Sokhna, jeune éditrice sénégalaise, essayait de me consoler, devant la levée de boucliers de certains groupes noirs.

Si le comportement décrit ci-dessus se rencontre souvent chez le membre ordinaire du groupe, il en existe un autre parmi l'élite. Le succès d'un membre du groupe dominé déclenche les foudres de la communauté d'en haut, car les places sont chères et le dominant ne peut accepter qu'un spécimen expérimental à la fois. C'est ce comportement que l'on peut appeler le *syndrome de l'évolué*.

Le retour du syndrome de l'évolué

Nicolas Sarkozy défend à juste titre la discrimination positive. Nous y reviendrons plus amplement. En effet, il faut bien trouver un dispositif qui pallie l'échec de l'intégration républicaine à laquelle personne ne croit plus. Mais que nous propose Monsieur le Ministre comme symbole de cette discrimination positive? c'est un préfet musulman. Un, pas deux, pour tous les immigrés de France et de Navarre.

La politique coloniale française a créé la notion de l'évolué, faveur faite à certains éléments choisis dans le camp des colonisés. Ce n'est pas le mérite du colonisé qui est pris en compte. C'est une faveur qui lui est faite. Dès lors, le colonisé a intégré inconsciemment cette logique selon laquelle il n'y aurait pas place pour deux. Si l'égalisation par le bas n'admet l'ascension de personne, la tentation de l'évolué indique qu'il n'y a qu'une place accordée par le dominant. Il faudra donc se battre, foncer comme des spermatozoïdes ou les abeilles mâles pour décrocher la place unique. L'arrivée d'un nouveau prétendant au trône ou de toute personne perçue comme tel, déclenchera l'ire des privilégiés. Les coups bas et les intimidations feront partie des armes que certains utiliseront pour éliminer les concurrents potentiels.

Souvent le migrant n'agit pas seulement au sein de son groupe. Il lui arrive aussi de se positionner face aux autres groupes, minoritaires ou dominants, pour devenir le porte-parole de son groupe. Parfois il compare le destin de sa communauté à celui des autres groupes minoritaires et se lance dans ce que Jean-Michel Chaumont a appelé la *concurrence des victimes*.

Le syndrome du peuple maudit

Aujourd'hui, ce qui fait problème au sein des communautés noires, ce qui exacerbe les angoisses, c'est cette fraternité raciale factice dans laquelle les Noirs se sont laissé enfermer. Cette notion a servi à l'Orient et à l'Occident comme fondement des croisades colonisatrices, asservissantes, dominatrices. Ce qui hier a fondé le triste destin des peuples noirs – la notion de la race comme porteuse de caractéristiques fondamentales, justifiant leur asservissement – devient le justificatif même du repli fraternel du Noir.

Selon Achille Mbembé, le panafricanisme – ceci s'applique aussi à l'afrocentrisme – s'est développé « à l'intérieur d'un paradigme raciste dont le XIXe siècle européen constitue le moment de triomphe. Discours d'inversion, il puisera ses catégories fondamentales dans les mythes auxquels il prétend s'opposer et reproduira leurs dichotomies (différences raciales entre Noirs et Blancs, confrontations culturelles entre les civilisés et les sauvages...)[124]. » Voici donc ce qu'Achille Mbembé pense de l'Afrique, c'est-à-dire du Noir. N'oublions pas que pour les afro-fourre-tout (optimistes, pessimistes, centristes), Noir et Afrique, c'est la même chose. Selon Monsieur Mbembé, et nous sommes du même avis, « l'Afrique n'existe qu'à partir du texte qui l'a construite comme la fiction de l'autre. C'est à ce texte que l'on accorde ensuite une puissance structurante, au point où le soi qui prétend parler d'une voix authentiquement sienne encourt toujours le risque de ne jamais s'exprimer qu'à partir d'un discours pré-constitué, qui masque le sien propre, le censure ou l'oblige à l'imitation. L'Afrique n'existe qu'à partir d'une bibliothèque coloniale qui s'immisce et s'insinue partout, y

---

[124] Achille Mbembé, *in* revue *Politique africaine*, n° 77, p. 29.

compris dans le discours qui prétend la réfuter, au point que, en matière d'identité et de tradition africaine, il est désormais impossible de distinguer l'original de la copie, voire de son simulacre[125]. » En clair, l'Africain et le Noir que certains Noirs prétendent faire émerger, ce sont exactement les portraits dressés par le Blanc.

Pourquoi le Noir s'entête-t-il dans cet enfermement racial quitte à accréditer et reproduire les mythes dont on a usé pour l'asservir ? Pourquoi les crimes de l'Occident contre les Asiatiques n'ont-ils pas cristallisé en leur sein cette fraternité de la souffrance ? Pourquoi les Asiatiques ne se sont-ils jamais considérés eux-mêmes comme des frères jaunes, malgré l'acharnement occidental à leur trouver la peau couleur citron ? Pourquoi le Noir s'enferme-t-il dans cette racialité géographique et dans cette pseudo-fraternité épidermique ? Tout simplement parce que cette fraternité semble salutaire, thérapeutique ; parce qu'il croit qu'en la proclamant *urbi et orbi*, à tam-tam et à cris, elle devient effective et le met à l'abri de sa vraie histoire, de la mémoire d'un comportement infâme et pourtant si humain, qu'est sa participation à la traite de ses *frères*. Il tente ainsi de se convaincre que sa fraternité fantasmée, « le mythe d'une cité raciale viendrait faire oublier qu'à l'origine de l'exil (la Traite), il y a, certes, la rapacité du capitalisme ; mais il y a également un meurtre familial. Il y a des fratricides[126] ». Il voudrait se convaincre que les têtes tutsis qui tombent sous les coups de machettes hutus se remettront en place, comme à la fin d'un film de cow-boys, à partir du moment où, en guise de *clap* final, l'on aura poussé le cri incantatoire de la fraternité.

[125] *Ibid*, p. 30.
[126] *Ibid*, p. 30.

IV - Les tourments mélanodermes

L'Africain s'enferme dans la négation de l'ampleur de sa participation à la Traite, dans la négation de ce qu'Achille Mbembé appelle le *meurtre familial*, parce qu'il est impossible qu'il admette qu'un frère ait vendu son frère à des inconnus arabes ou européens, musulmans ou chrétiens, dont les mauvaises intentions étaient flagrantes. Il essayera par tous les moyens de minimiser sa responsabilité, acceptera l'infantilisation – on m'a trompé –, prétextera l'ignorance – je ne savais pas. Non, assurément non, tout le monde savait et il y a même eu de fortes et héroïques résistances à la Traite. Voici ce qu'en dit Ezémbé :

« D'autres sociétés africaines furent hostiles au trafic des esclaves. C'est le cas des Kru du Libéria, des Joola de la Casamance et des Baga, dont l'attitude découragea les négriers qui renoncèrent, par conséquent, à acheter des esclaves de cette région, à cause de leurs fréquentes rébellions, (menace de tuer leurs maîtres ou de se suicider)[127]. »

Ce déni de la culpabilité qui pousse le Noir à rejeter les responsabilités de tous ses malheurs sur les autres – de l'esclavage au sous-développement – est certainement, avec la constance de la misère et du complexe d'infériorité en Afrique, le plus grand trauma que lui ait infligé l'Histoire et son contact avec l'Occident.

Les guerres intestines existaient en Afrique avant l'arrivée du Blanc, comme elles existaient en Europe, en Asie, aux Amériques. Or L'Allemand qui tue le Français qui tue l'Anglais, qui extermine le juif, l'homosexuel, le gitan, ne tue pas un frère. Organisant lui aussi un génocide, le Hutu nous

---

[127] Ferdinand Ezémbé, *L'Enfant africain et ses univers*, Karthala, Paris, 2003, p. 27.

fera-t-il croire qu'en massacrant le Tutsi, il se comporte en frère? Devrais-je fermer les yeux devant les «fraternelles» horreurs du Darfour? Devrais-je cautionner les «fraternelles» dérives ivoiro-ivoiriennes – je parle ici de ceux qui pillent et qui tuent – pour ne blâmer que le non fraternel comportement des autorités françaises en Côte d'Ivoire? Est-il plus commode de condamner à mort – la guerre et ses génocides – que de condamner à la déshumanisation et aux travaux forcés à perpétuité – esclavage? Caïn, lève-toi; tes enfants (noirs) ont grandi et récupéré ton héritage fratricidaire. Pour poursuivre dans le sens des Saintes Écritures, nous connaissons tous l'histoire biblique de Joseph. Un de ses frères réussit à le sauver de la mort à laquelle les autres l'avaient condamné. Il fut vendu à des marchands qui cheminaient vers l'Égypte. Même en ces temps bibliques, tout le monde savait que quand il y a de la vie, il y a de l'espoir. On connaît la suite de l'histoire de Joseph, à laquelle certains Noirs américains n'hésitent plus à comparer leur propre destin – être vendu par ses frères –, mais sans l'épilogue des retrouvailles et de la réconciliation. Du moins pour le moment.

Je voudrais m'adresser à tous les Noirs de bonne foi, qui ne sont pas descendants d'esclaves, mais pensent que la seule façon d'exprimer leur sympathie fraternelle aux descendants d'esclaves, est de revêtir cette horrible et si peu enviable ascendance. Je leur dirai qu'il convient plutôt de sortir de cet enfermement et de regarder le passé en face, mais avec distance, comme on regarde une photo triste et jaunie, un mauvais secret de famille que l'on exorcise parce que la vie doit continuer, surtout si cette histoire est vieille de plusieurs siècles. Je voudrais leur dire que leur devoir d'hommes c'est, non de se complaire dans la récrimination, mais de partager ce désormais crime contre l'humanité avec toute l'humanité, blanche, jaune, rouge. Je voudrais leur dire que ce trauma ne leur appartient pas et qu'il est malsain de prétendre être ce qu'on n'est pas.

Je voudrais leur donner à méditer cette pensée de Lévi-Strauss: «Tout homme peut ... aller partager sur place l'existence d'une société qui l'intéresse ; par contre... il n'entrera jamais directement en contact avec une civilisation disparue[128]. » Même un descendant d'esclave ne doit pas accepter d'être enfermé dans l'héritage de l'esclavage. Le trauma ne s'entretient pas. On prend le temps et on se donne les moyens de s'en débarrasser. *Vis ma vie*, c'est sur TF1. Mais même TF1 ne peut pas réussir un fictionnel *Vis la vie de mes ancêtres*. Encore moins un impensable *Vis la vie de ma race*.

Aucune prétendue solidarité raciale ne fera jamais de moi – Dieu merci – un descendant d'esclave. Aucune humaine condoléance – au sens étymologique du terme, « souffrir avec » (*dolere cum*) – ne fera apparaître sur mon dos les zébrures laissées par le fouet des esclavagistes. La maman d'Enis, la grand-mère de Frida et Enzo, mes enfants, disait que l'on peut ressentir toute la sympathie que l'on veut, mais on ne ressentira jamais la brûlure dans la bouche de l'autre. Gunther Walraf, l'auteur allemand de *Tête de Turc*, s'est fabriqué une tête, un faciès de Turc. Il est descendu dans l'arène inhumaine du quotidien d'un Turc en Allemagne. Il a bossé comme un Ankarien. Il a sué et souffert comme un Stambouliote immigré, mais il est resté un *acteur allemand*, jouant le rôle de Turc, un acteur allemand qui, la représentation terminée, allait retourner dans sa réalité d'Allemand, comme chaque soir, je rentre chez moi, sans jamais courir le risque de me voir enchaîné pour la nuit comme un esclave. Pour cela, il lui aura suffi de raser sa moustache.

[128] Claude Lévi-Strauss, *Race et histoire*, Folio Essais, Paris, 1987, p. 13.

Suis-je victime de l'esclavage? Assurément oui, mais de façon indirecte. Non que j'en porte les stigmates d'aucune manière, mais à cause du regard de l'autre qui ne veut ou ne peut sortir de cette sordide distribution qui revêtirait un caractère d'éternité. Les vrais descendants d'esclaves sont-ils encore victimes de l'esclavage? Cela va sans dire, autant dans les stigmates que dans le trauma; à cause de la condescendance ou du mépris dont ils sont destinataires. Va-t-on accepter que son destin soit figé par le regard de l'autre? Va-t-on accepter que le comportement de l'autre nous mûre dans le cachot du passé? Non, assurément non. Puisque l'esclavage n'est plus héréditaire, le vrai esclave aujourd'hui est celui-là, Blanc ou Noir, qui continue à croire que l'esclavage se transmet par le sang, est héréditaire; qui confond mémoire et hérédité; qui fige le passé dans une actualité éternelle; qui s'enferme dans le miroir du passé. Humainement, j'ai le devoir de l'aider à en sortir.

Les thuriféraires d'une bien-pensance tiers-mondeuse, les chers amis blancs des Noirs, dont la larmoyance n'a qu'un seul et unique objectif, me maintenir dans une négrité souffreteuse et subalterne, mâchouillant pour l'éternité les tristes negro spirituals de ma condition plus indélébile que la couleur de ma peau; les Noirs amnésiques ou malhonnêtes; tout ce beau monde peut entendre ce qu'il veut de mes propos, que j'estime assez clairs; il peut m'accuser de tous les crimes de son vaste dictionnaire. Il n'y aura jamais de réconciliation entre les Noirs du continent et les descendants *légitimes* d'esclaves, aussi longtemps qu'un juste rituel expiatoire, une reconnaissance de la *dette morale*, ne permettra pas aux uns de pardonner aux autres, car, comme le dit Achille Mbembé, « à l'origine de l'exil, il y a un meurtre familial. Il y a des fratricides ». Il n'y aura pas de réconciliation, il n'y aura pas de fraternité, aussi longtemps que j'entendrai la voix de cette vieille et digne Antillaise d'Orléans demandant aux Africains, qui réclament aux Blancs les réparations matérielles pour l'esclavage, s'ils veulent les vendre une deuxième fois. La fraternité noire n'existe pas. L'oubli non plus. Ils sont à conquérir.

Je voudrais dire à certains : juste un tout petit effort, je sais que vous en êtes capables ; juste un petit effort et vous vous contenterez de la colonisation qui, dans votre quête intempestive du trophée du peuple maudit, peut être un substitut bien valable à l'esclavage, qui ne vous appartient pas parce que vous n'en avez jamais été victimes, même par procuration, même par ancêtres interposés ; qui ne vous appartient plus parce que c'est désormais un crime contre l'humanité. Pour l'Africain, j'affirme que la colonisation est encore plus dramatique que l'esclavage, parce que c'est sa réalité propre, parce qu'un peuple est venu en opprimer un autre sur sa propre terre, avec des méthodes qui étaient celles de l'asservissement, parce qu'ici, les responsabilités sont claires, nettes et précises et exclusivement portées par le Blanc. Cependant, même ici, l'enfermement dans ce que Fanon appelle la *tour substantialisée du passé*[129], demeure aliénante, suicidaire.

La concurrence victimaire

Il existe cet autre comportement qui est celui que l'on appelle généralement la *concurrence victimaire*. Il s'agit de comparer ses souffrances à celles des autres et d'ériger la sienne en souffrance absolue. Ce comportement névrotique est évidemment regrettable. Mais est plus regrettable le positionnement qui en découle, qui conduit à s'opposer aux

[129] Frantz Fanon, *Peau noire, masques blancs*, op. cit., p. 183.

autres peuples victimes de barbarie. Souvent, on expose la douleur pour éviter que cela se reproduise. Pour certains, ceci vient généralement du fait que l'on considère que l'on est à la traîne de l'Histoire. Dès lors, on justifie son échec par les malheurs passés. Si d'aventure une autre victime de l'Histoire affiche une relative réussite, et si d'aventure elle vit sur le même territoire, alors son succès nous interpelle et nous rappelle que le passé ne peut pas justifier tout. On sait que le succès des commerçants asiatiques dans les quartiers noirs des USA les expose souvent à la vindicte des Noirs.

Qu'importe si Frantz Fanon nous dit que le passé ne doit pas anesthésier le présent. Qu'importe si des voix dans le même groupe nous invitent à « arrêter de penser que le présent est une répétition du passé[130] ».

Nous sommes issus d'un peuple qui a beaucoup souffert. Nous sommes issus d'un peuple qui ne veut plus souffrir.

Déclaration anodine d'un jeune chanteur noir ? On serait tenté de le croire et de ne pas s'y attarder. Mais l'actualité projette un autre éclairage sur cette déclaration. Les Noirs, puisque c'est bien d'eux qu'il s'agit, seraient-ils un peuple qui a beaucoup souffert ? Cette question fondamentale en appelle beaucoup d'autres. Cette souffrance concerne-t-elle tous les Noirs à l'identique ? Quels sont les auteurs de la souffrance des Noirs ? Tous les auteurs de la souffrance des Noirs sont-ils logés à la même enseigne ou certains sont-ils plus culpabilisés que d'autres ? Les Noirs ont-ils souffert plus que les autres peuples ? À quels autres peuples se compare-t-on ? À quelle aune mesure-t-on cette souffrance ? À quelle période se réfère-t-on ? Parle-t-on trop ou pas assez de cette souffrance ?

---

[130] L'Express, n° 2802, du 14 mars 2005, p. 84. Propos tenus par l'historien Pap Ndiaye, professeur à l'École des hautes études en sciences sociales.

Et, question fondamentale: *quel doit être le mode d'évocation de cette souffrance et pour quelle portée pédagogique?*

La période qui vient à l'esprit quand on évoque les souffrances du Noir, commence au XVe siècle, avec la Traite transatlantique, puis la colonisation. On constate que la Traite transsaharienne est généralement occultée par les Noirs eux-mêmes, comme si celle-là n'avait pas entraîné déportation et souffrances. Pourquoi focalise-t-on toute l'énergie revendicative sur l'Amérique et les pays occidentaux en général, alors que les tribulations des descendants des esclaves noirs dans les pays maghrébins et arabes en général, sont plus ardues que dans les pays occidentaux? Ces tribulations, et le silence coupable qui les entoure autant de la part des États de l'Afrique noire que de ceux de l'Afrique du Nord, ont conduit Béchir Ben Yamed à leur consacrer trois enquêtes dans le journal *Jeune Afrique l'Intelligent*[131]. Pourquoi si peu de réaction contre le racisme et même l'esclavagisme dont les Noirs sont encore *aujourd'hui* victimes au Darfour soudanais ou en Mauritanie?

Les Noirs évoquent généralement quelques raisons essentielles – chez les Arabes, le sujet est tout simplement tabou, inexistant – pour minimiser et dédramatiser la Traite transsaharienne. L'historien Claude Ribbe nous les rappelle en s'impliquant dans la Controverse Grenouilleau[132]. « Les conditions de l'esclavage oriental n'ont jamais été comparables aux plantations des Amériques. » Disons quand même sans sourire que malgré toute leur force de travail, les esclaves nègres des seigneurs saigneurs du désert n'auraient pu travailler dans des plantations. Il ne s'agit pas ici d'une manifestation de

---

[131] *Jeune Afrique l'Intelligent*, n° 2266 du 13 au 19 juin 2004, p. 42 sq.; n° 2270 du 11 au 17 juillet 2004, p. 66 sq.; n° 2273 du 1er au 7 août 2004, p.34 sq.
[132] Il s'agit du débat qu'a soulevé l'interview de Pétré-Grenouilleau, parue dans *Le Journal du Dimanche*, daté du 12 juin 2005. Toutes les citations relatives à Claude Ribbe proviennent de son article paru sur des sites Internet comme *Grioo*, en commentaire à l'interview de Pétré-Grenouilleau.

la magnanimité des princes mahométans, mais du simple fait qu'il y a certainement moins de plantations dans les déserts saharien et saoudien que dans les prairies du Sud américain. L'argument qui oppose l'heureux Nègre des villes orientales au malheureux Nègre des champs occidentaux est cocasse. Quand il s'agit de minimiser la barbarie de l'esclavage oriental, on accorde le beau rôle à l'esclave de maison. Quand il s'agit de la Traite occidentale, la même approche nous présente l'esclave de maison comme un personnage déshumanisé, dompté, soumis, méprisé, en opposition justement à l'esclave des plantations, héroïquement insoumis, n'acceptant jamais sa condition et qui ne cessera de se rebeller jusqu'à l'émancipation. L'opposition entre Ariel, esclave de maison et bras droit du maître, et Caliban, personnage rebelle, correspond à cette représentation. Le deuxième argument de Ribbe établit le rapport entre la durée des deux Traites et le nombre d'esclaves *traités*. « La Traite orientale qui a duré treize siècles n'a jamais été numériquement supérieure ni même comparable à la Traite transatlantique qui, elle, s'est concentrée sur deux siècles d'horreur absolue et d'extermination. »

Je n'imagine pas que l'on absolve aussi généreusement un peuple qui pendant plus d'un millénaire – certainement la plus longue traite de tous les temps – en a exploité un autre, sans jamais ressentir le besoin de l'émanciper ; sans jamais trouver des raisons humanitaires ou économiques pour le libérer ; sans jamais qu'émerge en son sein une pensée philosophique dont la condamnation de cette barbarie conduise à son éradication. Oublions le fait que l'on dispose de trop peu de données statistiques sur la Traite orientale pour pouvoir avancer des affirmations péremptoires sur le nombre de ses victimes. Opposer les mille trois cents ans d'un principe esclavagiste aux onze millions de déportés noirs vers les

Amériques, me paraît une arithmétique hasardeuse, surtout quand on voudrait absoudre la première horreur. Je voudrais savoir ce qui est condamnable et ce qui ne l'est pas : la barbarie et le racisme du principe de la traite, le nombre d'esclaves exploités, ou la durée de la barbarie. Je voudrais savoir si la traite devient un crime contre l'humanité au nombre d'esclaves ou au principe qui déshumanise des personnes à cause de leur race et se donne le droit de les exploiter. C'est sans aucun doute le principe raciste qui est à condamner, dès la première minute et dès le premier esclave. Mais l'historien a gardé le meilleur pour la fin.

« Du reste, pas de racisme en Orient, puisque l'Orient est nègre. » En clair, *les Arabes ne sont pas racistes parce qu'ils sont nègres*. Franchement, je n'aimerais pas être à la place de Ribbe s'il balance cette affirmation iconoclaste, qui le négrifie sans préavis, à un auguste émir saoudien. Je voudrais sincèrement avoir mal lu cette affirmation. Je voudrais sincèrement n'avoir pas retenu mes cours de géographie humaine des collèges qui m'ont appris que les Arabes étaient des Sémites de race blanche. Je voudrais ne pas être au courant des motivations racistes qui conduisent à l'esclavage et aux injustices dont sont victimes les Noirs au Soudan et en Mauritanie, de la part des « Maures». Je voudrais pouvoir être sûr que Béchir Ben Yahmed s'est trompé quand il a dénoncé le racisme dont les Noirs sont *encore* victimes dans les pays du Maghreb. Mais je sais que, à poser des questions aussi insidieuses, à vouloir que l'on ne fasse pas deux poids deux mesures de l'horreur, j'apparais comme un de ces « béni-oui-oui mélanodermes» que fustige l'historien, un de ces «vendus parmi les Africains et les Antillais qui font le jeu du Blanc»; j'apparais comme l'héritier de ces hommes qu'il évoque lorsqu'il dit, « Il y eut des complices (noirs) pour capturer ou fouetter leurs congénères. »

Soyons clairs. Je ne veux même pas penser que mes conci-toyens « arabes » de France s'imaginent un seul instant que je les assimile à la barbarie de leurs ancêtres. Si à leur tour, ils dénonçaient les turpitudes des potentats de l'Afrique noire, je ne m'en offusquerais nullement. Pas plus pour l'Oriental que pour l'Occidental acquéreurs ou pour l'Africain fournisseur, la bêtise, la barbarie, ne sauraient être héréditaires. Mais pas plus que la solidarité raciale, aucune solidarité tiers-mondiste, miséreuse, aucune complicité des peuples opprimés, ne m'au-torisent à taire ou à minimiser une barbarie. La traite, qu'elle soit orientale ou occidentale, est partie d'un principe de déshumanisation de l'autre sur la base raciale. Elle a conduit à la commercialisation de l'être humain pour des raisons écono-miques. La cupidité et la bestialité de l'homme ont entraîné une barbarie souvent de type génocidaire qui a arraché la vie à des millions d'humains. Elle a soulevé des révoltes chez les peuples opprimés et éveillé la conscience abolitionniste de quelques membres du peuple barbare. Elle a généré une domi-nation annihilante qui a anesthésié toute volonté, toute valeur humaine chez des hommes qu'on a vendus pendant plus d'un millénaire sans qu'ils trouvent l'énergie nécessaire pour mettre un terme à leur déshumanisation. L'essence même de l'homme, c'est de préférer la liberté à toute autre valeur humaine. Je n'imagine pas que l'on ne condamne pas avec la plus grande fermeté un système qui a conduit certains hommes – les esclaves nègres d'Orient – à perdre la notion de liberté pour subir, pendant treize siècles, un système de servi-tude de type héréditaire.

À côté de cette absolution de la traite entretenue par les Arabes, il y a la condamnation d'Israël et des juifs comme nation négrière ou plus largement, ennemie de la nation noire.

À côté de la solidarité des opprimés Noir/Arabe qui conduit à trouver dans les banlieues un certain charisme à Ben Laden et à soutenir sans condition le peuple palestinien, il y a la rancœur envers un opprimé non conformiste, un opprimé qui réussit, malgré la souffrance qui a émaillé son histoire. Le juif.

La permanence dans l'Histoire, des torts causés aux Noirs comme groupe uniforme – il s'agit ici d'un groupe racial – est comparable à la persécution dont les juifs ont eux aussi été victimes comme groupe au cours de leur histoire. On n'oublie pas les Indiens dont l'extermination bien que ponctuelle a été quasi radicale. Cette similitude de destin a conduit tous les pères de la Négritude, mouvement fondateur de la conscientisation des Noirs francophones, à se sentir solidaires des juifs. Aimé Césaire s'identifie à «un homme-juif, un homme-cafre, un homme-hindou-de-Calcutta, un homme-de-Harlem-qui-ne-vote-pas... on pouvait à n'importe quel moment le saisir, le rouer de coups, le tuer... sans avoir de compte à rendre à personne... un homme-juif, un homme-pogrom, un chiot, un mendigot[133]». Une grande amitié liait Martin Luther King et le rabbin de New York, Abraham Heschel. Dix jours avant la disparition de King, ce rabbin le présentait comme «une voix, une vision et un chemin». Son engagement auprès du mythique pasteur de l'Alabama a fortement contribué au succès de la lutte pour les droits civiques des Noirs dans les USA des années 1960.

Qu'est-ce qui conduit certains Noirs à accuser les juifs d'esclavagisme, alors que le tout premier article du Code noir de Louis XIV traite inattenduemment du juif et lui interdit le séjour dans les îles ? Cet article qui apparaît en 1685 est un rappel d'une injonction du père de Louis XIV faite soixante-dix ans plus tôt, en 1615, et reprise en 1627 et 1638. «Voulons

---

[133] Aimé Césaire, *Cahier d'un retour au pays natal*, Présence Africaine, Paris, 2003, p. 20.

et entendons que l'édit du feu roi de glorieuse mémoire, notre honoré seigneur et père, du 23 avril 1615, soit exécuté dans nos îles. Ce faisant, enjoignons à tous nos officiers de chasser hors de nos îles tous les juifs qui y ont établi leur résidence, auxquels, comme aux ennemis déclarés du nom chrétien, nous condamnons d'en sortir dans trois mois, à compter du jour de publication des présentes à peine de confiscation de corps et de biens.» Même si l'on pense qu'ils ont été d'actifs négriers avant cette date, et en se fondant sur le critère religieux pour classifier les négriers, en quoi leur action est-elle comparable à celle des catholiques des îles et de l'Amérique du Sud, des protestants de l'Amérique du Nord ou des musulmans de la Traite orientale?

Qu'est-ce qui justifie que le juif soit de temps en temps pris pour cible par des individus ou des groupuscules noirs plus ou moins charismatiques? La raison se développe sur deux axes. D'abord, il y a une certaine jalousie envers cette minorité qui, malgré les persécutions, finit toujours par se relever. Souvenons-nous du sac du restaurant de l'Italien dans le film *Do the Right Thing* qui, au niveau individuel, obéit à la même logique. Ensuite, s'attaquer au juif est un acte héroïque, un acte de preux, de chevalier, acte quelque peu donquichottesque, puisque l'on attaque, en téméraire, *un puissant lobby planétaire*. C'est certainement, pour des personnes en quête de leadership, un raccourci vers la gloire. Car, « à vaincre sans péril, on triomphe sans gloire». C'est cette attitude que nous rencontrons chez Farah Kahn, Elijah Muhammad ou, plus près de nous, Dieudonné Mbala-Mbala. Le combat de l'humoriste est moins pour les Noirs que contre les juifs, c'est-à-dire, pour son aura personnelle. Son humanisme arabisé le conduit à soutenir, entre autres, la lutte du peuple palestinien plutôt que celle du Darfour, à allumer le feu en Algérie plutôt qu'au

Cameroun où il avait séjourné quelques jours avant sa sortie algéroise, à trouver du charisme à Ben Laden.

Car, comme il l'a fait pour défendre son spectacle à l'Olympia, il aurait suffi à ce personnage au charisme exceptionnel, à ce métis le plus médiatisé de France, d'inviter le peuple de France à descendre dans la rue pour créer une journée de commémoration de la Traite, pour que la rue se bigarrât d'un monde multicolore, à l'instar de l'initiative homosexuelle. Pourquoi ne l'a-t-il pas fait?

Quel est le premier reproche qui est généralement fait aux juifs? C'est celui d'avoir créé des lobbies puissants qui contrôlent les finances, la presse. On voit donc que la persécution dont le juif est victime, découle d'un sentiment de jalousie, de peur. *On leur reproche d'en (s)avoir trop.* Répondant à la question de savoir s'il était antisémite, Winston Churchill aurait dit qu'il ne pouvait pas être antisémite parce qu'il ne ressentait pas de *complexe d'infériorité envers les juifs.* Ce complexe d'infériorité des autres peuples a fondé la mythologie juive. On peut lire dans l'Ancien Testament de la Bible : «Un nouveau roi vint au pouvoir en Égypte, qui n'avait pas connu Joseph. Il dit à son peuple : *Voici que le peuple des Israélites est devenu plus nombreux et plus puissant que nous. Allons, prenons de sages mesures pour l'empêcher de s'accroître, sinon, en cas de guerre, il grossira le nombre de nos adversaires.* » (Exode, chapitre I, versets 8 à 10.) Il est évident que la mythologie noire a été bâtie *par les autres* sur l'unité inférieure du Noir. Alors qu'on jalouse le juif, on plaint et on infantilise le Noir. La caricature classique du juif est le méchant Monsieur rapetout. Celle du Noir est le gentil Monsieur Banania. Comment s'en débarrasser? Comment inverser cette mythologie sans réel fondement idéologique comme une religion commune? Est-il possible d'inverser cette mythologie en se fondant sur une fraternité factice ? L'afrocentrisme, cette image inversée de l'eurocentrisme, est-il un recours crédible ?

N'étant pas dans une compétition du mieux-disant souffreteux, d'exhibition des cicatrices de l'Histoire, je ne vois pas pourquoi j'irais réclamer la place du peuple qui a le plus souffert.

Mardi, 22 février 2005, sur le plateau du journal de 13 heures, en pleine commémoration de la Shoah, j'étais un juif et je l'ai dit. J'étais Juif, non parce que je me nomme Kelman et qu'à cause de ce nom, plusieurs personnes se sont souvent trompées sur mon compte en me prenant pour un juif. Je n'étais pas juif parce que falasha. J'étais juif de cette solidarité, de cette fraternité humaine si chère à Fanon qui fait que rien de ce qui est humain ne m'est étranger « l'invention de la boussole, comme la guerre du Péloponnèse » ou le martyre des enfants palestiniens. Je ne parle évidemment pas des fous de Dieu et des politiciens dont l'intransigeance n'a pas rendu service à leur peuple. J'étais juif, comme j'étais descendant d'esclave le 28 avril 1998, quand nous commémorions les cent cinquante ans de l'abolition de la Traite. Ce jour-là, je n'ai pas accepté que l'on vienne me parler d'esclavage moderne, et j'ai dit que c'était un blasphème. J'ai aussi dit sur le plateau de télévision que demain je serai tutsi. Pourtant je ne suis pas plus tutsi que juif ou antillais, et mon appartenance à ces groupes n'a de sens que dans le champ des solidarités humaines.

Il y a simultanément à l'œuvre, dans les sociétés humaines, des forces travaillant dans des directions opposées : les unes tendant au maintien et même à l'accentuation des particularismes ; les autres agissant dans le sens de la convergence et de l'affinité. Beaucoup de Noirs, sans que l'on comprenne ce qu'ils y gagnent, ont choisi la première proposition. Pour ma

135

part, je suis résolument tourné vers ce qui me rapproche de l'autre, et je cherche à m'enrichir de nos différences. Pour ma part, je reprendrai toujours ces mots de Serge Bilé répondant à ceux qui critiquaient son livre *Noirs dans les camps nazis*. « L'esclavage n'appartient pas aux Noirs, pas plus que la Shoah aux juifs, ou le génocide de 1915 aux Arméniens».

V - BOUNTY ET CAPPUCCINO
OU DE L'ART DE LÂCHER LA PROIE POUR L'OMBRE

Pour moi, un Bounty est un Noir qui pense qu'il n'y a pas de racisme parce que lui a réussi à passer à la télé ou à la radio. Qui accepte les blagues racistes sans se révolter. Qui pense que ceux qui revendiquent leur droit sont stupides. Le bounty est très fort pour critiquer son frère même sans qu'on le lui demande afin de montrer qu'il est bien intégré et pas communautariste. Le Bounty écrit seulement des livres qui ridiculisent le Noir.

Il pense que la carte d'identité suffit pour être accepté. Mais il oublie qu'avec sa couleur de peau, on lui demandera toujours d'où il vient, et cela ça le dérange, car le bounty a souvent honte de ses origines africaines. Parfois il dit qu'il est bourguignon ou blanc.

J'ai trouvé cette définition quelque peu naïve du bounty sur un site Internet animé et essentiellement visité par des Noirs. Je serais malhonnête si je prétendais que je n'ai pas compris qu'elle s'appliquait à moi, même si je ne me reconnais pas sur plusieurs de ses points. Mais la certitude qu'il s'agit bien de moi vient du fait que, selon l'auteur, le bounty dit parfois qu'il est bourguignon. Il est évident que Safia Otokoré, ma belle duchesse de Bourgogne, éminente Bourguignonne et néanmoins noire de peau, ou encore la Reine de Bourgogne, de France et de Navarre, Sonia Rolland, correspondent, elles aussi, à certains éléments de ce portrait. Mais les indices sont concordants : la télé, la radio, les blagues racistes, la critique du frère, les livres qui sont supposés ridiculiser les Noirs et quelques autres accusations. Il n'y a pas de doute. Il s'agit bien de moi.

Rappelons que le bounty, c'est cette friandise en barre à la noix de coco blanche, enrobée de chocolat noir. Insulte suprême qui signifie que le Noir a perdu ses racines et sa culture noires et qu'il est devenu un Blanc à peau noire. Avant de poursuivre cette analyse, accordons-nous un entracte rigolard.

Je crois sincèrement – on rigole bien sûr – que les promoteurs/détracteurs du bounty se sont trompés de symbole. Que trouve-t-on au cœur du bounty ? De la noix de coco. Où trouve-t-on de la noix de coco ? Pas en Occident, mais dans les pays chauds et essentiellement dans les Antilles et en Afrique. Je suggérerais donc aux détracteurs du bounty d'en faire plutôt le pur symbole de l'afrocentrisme, du néonégrocentrisme et non celui des Noirs dégénérés. Ainsi, sera bounty, le vrai Noir, qui sous sa carapace marron burinée par le soleil et les peines de l'esclavage et de la colonisation, recèle cette âme immaculée dont un poète noir disait : « Mon cœur est neuf comme une hostie. » Au fait, comment est la noix de coco, image courante des publicités nègres ? N'est-ce pas un bounty naturel au cœur blanc ? Attention ! Cela pourrait vouloir dire que tous les Noirs aujourd'hui sont des bounties dont certains s'ignorent encore. Un site Internet pro-Black a publié la liste noire des bounties ; outre mon nom, on y trouve pêle-mêle : Marcel Dessailly, Mohamadou Dia, Thierry Henry, Magloire, Vincent Mac Doom, Djibril Cissé, Charly, Mouss Diouf, Oncle Tom, Oncle Ben's, Pablo Chester, Yannick Noah, Houcine. Cette liste nous permet de dégager une autre définition : est un bounty tout Noir qui fait quelque chose. Ainsi il est recommandé au Noir de ne rien faire afin de ne pas être taxé de bounty ou de sale petit traître.

Amin Maalouf disait, citant l'historien Marc Bloch : « Les hommes sont plus les fils de leur temps que de leurs pères[134] ». Et il poursuivait : « Nous sommes tous infiniment plus proches de nos contemporains que de nos ancêtres. Serais-je en train d'exagérer si je disais que j'ai bien plus de choses en commun avec un passant choisi au hasard dans une rue de Prague, de Séoul, ou de San Francisco, qu'avec mon propre arrière-grand-père ? »[135] Il aurait pu ajouter à sa liste les villes africaines comme Douala, Yaoundé, Saint-Louis, Abidjan, Libreville ou Dakar. Au-delà de la couleur de la peau – nous y reviendrions plus loin – cette proximité culturelle se retrouve « non seulement dans l'aspect, dans le vêtement, dans la démarche, non seulement dans le mode de vie, le travail, l'habitat, les instruments qui nous entourent, mais aussi dans les conceptions morales, dans les habitudes de pensée[136] ».

Je suis né à Douala, au Cameroun, à la veille des indépendances africaines, longtemps après que la colonisation eût introduit dans ce pays l'école française, les religions chrétiennes, le modernisme technologique. Comme la quasi-totalité des enfants de ma génération, essentiellement ceux de la ville, je

[134] Amin Maalouf ; *Les Identités meurtrières*, Le Livre de Poche, Paris, 2004, p. 117.
[135] *Ibid.*, p. 117 et 118.
[136] *Ibid.*, p. 118.

n'ai connu d'initiation que le baptême chrétien dès mon premier trimestre sur terre, l'école française dès l'âge de trois ans, la première communion à neuf ans et le certificat d'études à onze ans. Je n'ai jamais été initié au cours de cérémonies ancestrales et traditionnelles dans la clairière d'un sous-bois énigmatique du pays babimbi ou dans la grotte préhistorique de Ngog-Lituba[137], espaces chers à mes aïeux.

Mon initiation, mon éducation essentiellement judéo-chrétienne s'agrémentait de ces fables que me racontait ma mère – et pas le griot qui n'est pas de chez nous – le soir au clair de lune. Je dois d'ailleurs avouer que *le clair de lune* dont je parle ici est purement symbolique, car le plus souvent, il s'agissait d'un banal *clair de lampe-tempête* ou de *néon* de notre petit séjour ou d'un non moins banal *clair de réverbère* de la rue de mon quartier. Mon initiation se renforçait des bénédictions familiales que mon père me prodiguait, mélange de christianisme et de culte des ancêtres des hommes, des bassas, des babimbis et pas des Noirs. Il utilisait des mots et une méthode dont usait déjà Abraham envers son fils Isaac, qui lui-même fera de même pour Jacob ; dont je suis convaincu que Vercingétorix le Gaulois a dû user lui aussi. Tout comme les Apaches, les Inuits ou les Vikings. Et dont j'use moi aussi pour mes enfants. Et mon père me disait, chaque fois que j'abordais une épreuve importante : « Que Yahvé t'accompagne avec la bénédiction de tes ancêtres. » Et les épreuves importantes, vitales pour mon devenir d'homme, c'était le concours d'entrée en classe de sixième, véritable terreur pour les enfants des classes moyennes, mais surtout, véritable sésame pour la poursuite des études qui allaient faire de nous des *Blancs*. Mes épreuves initiatiques,

---

[137] Je ne nie pas qu'il existe, ici ou là, des initiations traditionnelles auxquelles seraient encore soumis des jeunes de certains groupes ethniques. Cependant même dans ces cas, leur vie est plus organisée autour de la culture occidentale qu'autour de ces éléments de la survivance de leur origine.

c'était le certificat d'études primaires, et non les grandes saisons de chasses ou de moissons de l'Afrique dite traditionnelle. Mon initiation s'est poursuivie dans un collège et non dans une madrasa ou dans une grotte préhistorique, puis au lycée et s'est achevée avec une formation universitaire, assurée par des professeurs venus de l'Occident, et non de l'université de Tombouctou.

Définissant ses personnages dont le cadre de vie était Montréal, Dany Laferrière disait : « Leur foi appartient à l'islam, mais leur culture est totalement occidentale, si vous voulez : Allah est grand, mais Freud est leur prophète. [138]» Aujourd'hui, ma culture est essentiellement hellène et judéo-chrétienne et je rêve en français. Pourquoi devrais-je m'inventer des initiations traditionnelles, une culture noire figée depuis la préhistoire ? Je n'en ressens nullement le besoin. Je suis de culture judéo-chrétienne et je ne ressens pas de fierté particulière pour cette culture qui m'a été transmise. Je ne ressens aucune frustration, aucune honte, aucune nostalgie à ne pas être le portrait culturel de mon arrière-grand-père. J'assume ma vie d'homme et essaye d'enrichir mon pays la France, ma société, l'humanité, sans nostalgie aucune pour une hypothétique culture noire qui n'a d'ailleurs jamais existé dans cette uniformité réductrice qu'on lui prête.

Je dois enrichir mon pays, mon espace de vie, participer à son harmonie et à la sérénité de la population. Aujourd'hui, cet espace, la France, souffre d'angoisses existentielles qui minent les relations entre les différents groupes raciaux qui la peuplent. Aujourd'hui, je sais que la société française, comme presque toutes les sociétés de la planète, est marquée par une histoire qui travestit son regard et qui fait que le Noir

---

[138] Dany Laferrière, *Comment faire l'amour avec un nègre sans se fatiguer*, Le Serpent à plumes, Paris 2004, p. 161.

est vu comme il est supposé être et non comme il est; qui voit le Noir comme un être dont l'*esse* serait resté figé dans une négrotraditionalité préhistorique, végétative; qui fait que l'on ne voit pas le Noir comme un judéo-chrétien accessoirement de couleur noire, mais comme un Noir, doté de spécificités indélébiles, dont la virginité existentielle n'aurait connu aucune altération depuis des siècles, et au moins depuis sa dernière rencontre avec le Blanc au XVe siècle. Et l'on oublie, comme le souligne le jeune professeur de l'université de Yaoundé, Marcelin Nvounda Etoa, que « les identités ne se construisent pas selon le modèle végétal dans l'immobilisme d'un espace végétal[139] ». Aujourd'hui, les identités sont mobiles et changent au cours d'une vie.

Mon identité, c'est ce qui me différencie des autres. C'est, en quelque sorte, le descriptif sommaire de l'individu, que l'on trouve sur une carte d'identité: l'aspect physique avec quelques caractéristiques spécifiques (taille, couleur des yeux...), l'âge, les ascendants, la nationalité... Mon identité, c'est ce qui fait aussi de moi le membre de différents groupes. Elle est faite de la somme des expériences, des apprentissages, des enrichissements glanés au cours des contacts. C'est l'ensemble des éléments culturels qui me permettent d'évoluer au sein du groupe. Par ma religion, j'appartiens à un groupe et à un autre par ma profession ou ma formation universitaire. Aujourd'hui, les identités ne sont plus figées. Elles sont mobiles et permettent de s'adapter à différents groupes.

La confusion vient du fait que les identités dans le passé étaient assez figées. On appartenait à un groupe bien précis, limité par la tribu ou l'ethnie. Tous les membres du groupe naissaient et vivaient sur le même territoire. Les migrations

[139] Marcelin Nvounda Etoa, in *Patrimoine*, mensuel (camerounais), de la culture et des sciences sociales. février 2005, p. 3.

individuelles étaient rares et c'est tout le groupe qui se déplaçait pour des raisons de survie. Quand l'individu s'en détachait, il devait faire alliance avec un autre groupe et adopter sa culture. Peu importaient ses origines, sa descendance devenait entièrement une partie du nouveau groupe. Tous les membres d'un groupe avaient le même système économique (chasse, pêche, agriculture), les mêmes croyances, les mêmes initiations, la même cosmogonie, la même langue. Tous ces éléments se transmettaient presque à l'identique, de génération en génération. Les individus appartenaient forcément au même groupe racial.

Aujourd'hui, le développement des communications a facilité les migrations individuelles. Ainsi, les parents et les enfants peuvent ne plus avoir grand-chose en commun : ni la langue, ni la religion, ni le système économique. Évidemment, comme le disait Maalouf, aujourd'hui, l'on appartient beaucoup plus à son époque qu'à son origine. Les identités sont devenues sociales. Elles s'organisent autour d'espaces qui rassemblent les personnes venues de divers horizons, mais partagent désormais la capacité de s'intégrer à un espace commun, par leurs revenus, par leurs catégories sociales. Les nouvelles tribus sont donc les CSP, les catégories socioprofessionnelles. Les nouvelles tribus sont vouées à évoluer, et souvent, les enfants n'appartiennent plus à celle de leurs parents. Quand un vieil homme part de son village équatro-africain, sahélien ou algérien pour rendre visite à son fils diplômé de Polytechnique de Paris et cadre supérieur au quartier de la Défense, époux d'une blonde Norvégienne, le vieil homme découvre que son fils n'appartient plus à la même tribu que lui.

Cette nouvelle évolution des espaces et des modes de construction identitaire échappe à la population française et notamment à ses élites. Dans l'inconscient collectif, les iden-

143

tités restent raciales sinon tribales et spatiales. Les Noirs sont des Africains. Les parents croient avoir la même culture que leurs enfants. La société d'accueil ne cesse de renvoyer les minorités visibles françaises à ce qui est supposé être leurs identités réelles. Et l'on repense à ces accords que la France avait passés avec des États étrangers. Ces pays envoyaient des enseignants qui étaient chargés d'apprendre les langues des pays d'origine aux enfants de leurs émigrés. La jeunesse que l'on enferme dans cette mélancolie identitaire, se réclame des réalités qui ne sont pas les siennes. Elle s'attend à ce que le discours de tous les membres de la tribu supposée, notamment les adultes, corresponde au fantasme et non à la réalité identitaire. Ainsi, être bounty, ce n'est pas vivre comme un Européen, puisque c'est le cas pour tout le monde. Etre bounty, c'est *se dire* Européen ou non-Africain. C'est s'écarter du discours fantasmé. À un adolescent noir je demandais un jour comment il se présentait : « Comme un Africain », m'a t-il répondu. « Qu'est-ce qui fait que tu es africain ? », lui ai-je encore demandé. Il ne le savait pas. Et puis, penaud, il a ajouté : « Quand je dis que je suis français, cela paraît banal et même inexact à tous. Quand je dis que je suis africain, tout le monde semble satisfait. »

En France, l'on est tout le temps en train de vous demander votre origine. Il est évident que c'est la différence visible – faciès arabe, couleur noire – qui justifie cette espèce d'inquisition. Certains vous jureront qu'il s'agit d'une saine curiosité, signe de l'intérêt que l'on porte à l'autre. Soit. Mais quand un Blanc répond qu'il, est marseillais ou breton, l'interrogatoire s'arrête, même s'il se nomme Gomez ou Polanski. Pourquoi mes interlocuteurs ne sont-ils jamais satisfaits quand je leur dis que je suis bourguignon ?

« *Hier, j'étais dans un bar de centre-ville. Il y avait, à côté de moi, un Noir et une Blanche. Je connaissais le type. C'est tout juste s'il ne disait pas à la fille qu'il était un amateur de chair humaine, qu'il venait de la brousse, que son père était le grand sorcier de son village. Bon, on connaît la musique. Et moi, je voyais la fille hocher la tête, en extase devant un vrai de vrai, l'homme primitif, le Nègre selon National Geographic, Rousseau et compagnie. Je connais très bien ce type et je sais qu'il vient, non pas de la brousse, mais d'Abidjan, l'une des grandes villes d'Afrique, qu'il a longtemps vécu au Danemark et en Hollande avant de venir s'établir à Montréal. C'est un urbain et un Occidental.*[140] »*

C'est en 1985 que Laferrière écrit ces lignes. Le Noir se façonnait encore une image qui correspondait à ce que le Blanc voulait entendre. Tous les discours des étudiants noirs commençaient par « chez-nous en Afrique », et contaient des histoires d'initiation, de culture rurale, renforçant l'image d'une Afrique microscopique – un village, en somme – et préhistorique. Aujourd'hui, en France, il ne s'agit plus seulement d'immigrés, étudiants ou travailleurs, mais de petits Français noirs.

La plus grande erreur que puisse faire le groupe minoritaire – et il la fait souvent – c'est de se mettre en marge de sa société. Qui pourrait s'imaginer que l'Amérique se sente interpellée par le sort des Indiens dans leurs réserves si ceux-ci ne revendiquaient pas leur intégration à l'ensemble de la société? Les Aborigènes australiens auraient eu tort de penser que la revendication d'un ancrage total dans leur culture perturberait les affaires des colons. La France n'a-t-elle pas essayé de nous passer le message selon lequel nous étions *tous nés en 1848*,

---

[140] Dany Laferrière. *Op. cit.*, p. 162.

comme le proclamait une affiche placardée par l'État sur les murs de France en 1998, au cent cinquantenaire de l'abolition de l'esclavage ? Au fond, l'intention n'était pas criminelle. La France essayait maladroitement d'exorciser le passé, non en le regardant en face, mais en escamotant toute cette malheureuse histoire qu'est la Traite, cette « page peu glorieuse de notre histoire », comme dira le président de la République.

Aussi longtemps que les Noirs des États-Unis psalmodiaient les blues litaniques et nostalgiques de leur origine, les Blancs se frottaient les mains d'aise. Quand ils ont manifesté le désir de retourner en Afrique, le Blanc a dit « bravo » et a affrété des navires pour cet exode des temps contemporains. Le groupe dominant ne demande rien d'autre que l'apartheid et le maintien du dominé dans son état originel. L'on se souvient encore des grands débats sur la nécessité ou non d'éduquer les indigènes d'Afrique ou les Antillais. Des voix très écoutées préconisaient qu'on les laissât dans leur condition, car l'éducation, comme le fruit de l'arbre du bien et du mal, ouvrirait leurs yeux à des revendications déplacées, comme l'égalité. Aussi longtemps que les Noirs américains acceptaient l'exclusion dont ils étaient victimes en chantant le blues de leur misère et les tristes negro spirituals, l'Amérique blanche ne se faisait aucun souci. Le jour où ils ont commencé à revendiquer leur américanité pleine et entière, l'Amérique blanche a compris que l'esclave, la vieille négritude lentement se cadavérisaient et que naissait l'homme libre qui allait réclamer sa part de l'*american pie*, sa part du gâteau américain, sa part du rêve américain.

Aujourd'hui, quelque part en Géorgie, en Virginie, en Alabama, dans l'Ohio ou le Nebraska, un clan de Blancs rumine sa rage de voir que Powell et Rice, le sénateur Barak ou encore Kilpatrick devenu maire de Detroit en 2001 à trente et un ans, de simples Noirs, occupent des places de « Blancs » aux portes de la Blanche Maison (White House), au Sénat ou à la tête de la mairie de l'une des plus importantes villes des USA.

Les personnes hostiles à mes thèses ont cru trouver un argument imparable : Gaston Kelman est le roi des bounty, et en cela est méprisable.

Comme la majorité des migrants originaires du Cameroun, je suis né en ville, en l'occurrence, Douala. Comme la majorité de ces migrants, les seules initiations que j'aie jamais connues, sont des initiations d'origine étrangère, occidentale : baptême judéo-chrétien, école occidentale, diplômes occidentaux, tous ces rituels qui ont construit les modes de vie et de pensée de l'homme que je suis devenu. Partout dans le monde, les Noirs communiquent entre eux en langues occidentales. C'est un fait que l'on ne peut nier, au-delà de nos angoisses existentielles, au-delà de toute notion d'échelle de valeurs. Ma génération rêve la nuit en français. Notre vraie culture, non celle fantasmée que l'on nous colle et que d'aucuns acceptent, a atteint notre sub-conscient, investissant notre espace onirique. Je suis donc doté d'un bagage mental contemporain, c'est-à-dire essentiellement occidental. En cela, je suis en pure conformité avec mon éduca-tion occidentale, en simple conformité avec mon siècle dominé par la technologie occidentale, en plate conformité avec mon espace de vie urbain occidental. Je n'imagine pas que l'on exige de moi que je sois mandarin, esquimau ou sahélien sur les rives de la Seine. Quand je vais au Cameroun, je vis à la camerou-naise, c'est-à-dire essentiellement comme les gens de mon époque, c'est-à-dire, avec les outils découverts en Occident.

Si j'ai en moi des atavismes originels africains, ils interfè-rent d'une manière infime, intime, généralement impercep-tible et inconsciente dans ma relation avec autrui, que ce soit en Afrique, en Asie ou ailleurs. Quand je passe d'un continent à un autre, d'un espace racial à un autre, mon comportement change très peu. Il est plus orienté par l'âge, le sexe, la catégorie sociale de mon interlocuteur, que par sa race. Sur les bancs de l'école, sur un stade de football, au sein de l'entreprise, dans un restaurant français à Paris, je ne sais pas si je suis noir-noir ou bounty. Au restaurant, je tiens une cuiller, un couteau et une fourchette, comme on me l'a appris. Dans ce même restaurant, assis sur la table voisine et ayant commandé le même steak-frites que moi, l'Inuit, le protestant, le juif, le Soninké, le Japonais, le musulman, le Hollandais, se comporteront exactement comme moi, *bountiement*! Si le Soninké mange son tieb à la main dans l'espace privé de son appartement parisien ou de sa case à Nyoro, si le Japonais manie ses baguettes dans un restaurant spécialisé, si le Français gobe ses ortolans de braconnage dans sa résidence secondaire des Landes, toutes ces personnes, dans la cantine de leur entreprise ou dans la brasserie du coin, prennent la fourchette et le couteau pour sabrer leur escalope milanaise, *bountiement*, discutant d'informatique et des derniers évènements londoniens et non de la précoloniale saison de l'igname dans l'empire du Bénin.

La colonisation a imposé à différents peuples des modes de vie, des schémas de pensée, des pratiques religieuses qu'ils ont adoptés et qui aujourd'hui conditionnent leur quotidien. Le fait de le déplorer n'y changera rien. En attendant que l'Afrique adopte une langue continentale – chose qui serait hautement révolutionnaire –, les Africains vont continuer à s'exprimer en langue d'importation et programmeront *eux-mêmes*, au jour le jour, la mort de leurs langues maternelles. Si l'Afrique s'invente une langue continentale, cette langue n'aura de valeur que si elle séduit les autres peuples et non si

Au-delà du Noir et du Blanc

elle s'enferme dans une autarcie afrocentrée. Et si cette langue s'ouvre aux autres peuples, comme il est logique de le penser, alors, elle ne lui appartiendra plus, pas plus que l'anglais ou le français n'appartiennent désormais à leur espace d'origine.

Ceux qui traitent d'autres Noirs de bounties, sont générale-ment des jeunes d'origine antillaise ou des enfants d'ori-gine africaine, nés en France. Il s'agit de parfaits petits Occidentaux qui n'ont de l'Afrique millénaire que le mirage de la couleur de la peau, parfois une simple moitié ou un quart de couleur, si l'on tient compte de leur métissage; ils n'ont jamais posé un pied en Afrique, confondent leur occi-dentalité spécifique – comme Noirs victimes de discrimina-tions – avec une originalité négrifiée. Ces jeunes à qui l'on conteste une identité pleine et entière se réfugient dans une identité fictive.

J'ai toujours condamné le fait que l'on n'ait pas favorisé l'intégration des travailleurs immigrés qui ont été implantés en France. Je connais la souffrance de ces hommes et de ces femmes qui, après de longues années en France, ne savent pas parler français, ne peuvent pas communiquer avec la société locale. Cette situation ne découle pas d'un choix de leur part. On leur a imposé, non l'intégration au modèle local, mais l'enfermement ethnique. J'ai toujours déploré cette situation.

Alors, souvent, on me demande pourquoi j'insiste tant sur la nécessaire intégration du Noir en France, alors que le Blanc qui vit en Afrique ne s'intégrerait pas aux modèles locaux. On pourrait penser, en faisant de la psychanalyse à deux sous, que le Noir voudrait se venger du Blanc en l'envoyant vivre dans la misère torride des bidonvilles de Douala ou de Brazzaville.

La réalité, c'est qu'aujourd'hui, l'Afrique et le monde en général sont dominés par la culture moderne. L'Africain vit dans son pays d'origine avec plus d'éléments du patrimoine

149

culturel moderne, occidental, qu'avec ceux de ses origines. Qu'on le déplore ou que l'on s'en félicite, cela ne change rien au fait. En ce qui me concerne, et ce n'est nullement un conseil aux tenants de la traditionalité noire, quand je vais au Cameroun, je n'affrète pas la pirogue de mes aïeux. Le voyage serait trop long et plutôt fatiguant. Je prends l'avion comme tout le monde, tout simplement, sans me demander si c'est *bounty or not bounty*. Dans les villages les plus reculés du Sahel ou de la forêt équatoriale, le transistor a remplacé le tam-tam, et le fusil de chasse, dont se servent les pygmées aux modes de vie proches de la préhistoire[141], est plus apprécié que l'arc, parce qu'il est plus efficace. On peut dire *hélas!* pour l'écologie et les équilibres naturels. Mais en attendant, les faits sont là.

En ville, l'Africain est au contact des avancées technologiques en même temps que l'Occidental ou l'Asiatique. Quand il ne peut pas les acheter - le vrai clivage culturel est matériel –, il s'en délecte à travers la télé. Les frasques de JR et Sue Helen, la mort de Boby Ewing, les niaiseries des Feux de l'amour, ont le même effet à Sarcelles et Montreuil en France qu'à Nkololun ou la Briqueterie au Cameroun.

Tous les Africains – notamment ceux de la ville – aspirent à envoyer leurs enfants à l'école occidentale pour en faire de petits Bounties, afin qu'ils aient une chance de sortir de la misère et d'aller vivre dans les quartiers des Blancs, le *nec plus ultra* étant les études universitaires en Occident. Combien de dirigeants, combien de ministres, combien de hauts fonctionnaires, combien de cadres, combien d'intellectuels africains, de ceux qui professent une nostalgie tonitruante et bon marché de leur africanité traditionnelle, envoient leurs

---

[141] Dire cela ne saurait en aucun cas être un manque de respect pour le mode de vie des pygmées. C'est énoncer une vérité pure et simple. En Europe, les gens du voyage sont eux aussi restés à l'ère du nomadisme, malgré leur caravane et leur grosse voiture, concession minimale au «progrès», ce progrès qui couvre pourtant la quasi-totalité de la planète ronde.

enfants dans les universités et les grandes écoles de leurs pays ? Tous ceux qui maudissaient l'Occident et le racisme dans les amphithéâtres de Nanterre et de la Sorbonne, aujourd'hui, rentrés dans leurs pays d'origine, envoient systématiquement leurs enfants dans les mêmes universités. Combien habitent dans les quartiers dits africains où ils sont nés et non dans les zones jadis réservées aux Blancs ? Combien de ces jeunes nés en Afrique de parents assez fortunés pour leur payer les études européennes, et qui me traitent de bounty, parlent leur langue d'origine ? Ils ne la parlent pas, parce que leurs parents ne la leur ont pas apprise. Peu d'enfants au Cameroun parlent encore les langues locales, s'exprimant exclusivement en français ou en anglais, parce que c'est en cette seule langue que les adultes s'adressent à eux. Il n'existe plus personne en Afrique pour revendiquer les modes de vie ancestraux – la marche à pied, l'éclairage à la torche, la communication au tam-tam – au détriment des outils de la technologie occidentale – les moyens de locomotion motorisés, l'électricité, le téléphone... En Europe aussi, les druides et les drakkars ont disparu, laissant la place à des praticiens et à des technologies plus modernes.

En ce qui concerne l'immigré, le Soninké le plus traditionalisant de France, quand il arrive à Nyoro, affiche sa francité économique et vestimentaire, avec une grande ostentation. Je ne cesse d'admirer ces vacanciers camerounais qui, sous les quarante degrés incandescents et poisseux de Douala, acceptent de cuire à l'étuvée dans leurs costumes de laine ou de cuir pour qu'il n'y ait aucun doute sur leur résidence européenne. Certains prétendent ne plus pouvoir vivre dans leur espace d'origine et passent leurs vacances à l'hôtel ou chez un parent fortuné.

Dans ce contexte, quel type d'intégration exigeons-nous du Blanc qui arrive en Afrique où tout le monde aspire à vivre à l'européenne ? Allons-nous lui demander de parler les langues locales que tout le monde a désertées ? Allons-nous lui demander de vivre dans le quartier pauvre que tout le monde aspire – aspiration tout à fait légitime - à quitter ? Allons-nous exiger de lui qu'il abandonne son véhicule confortable et qu'il arpente les rues à pied pour montrer son intégration, alors que tout le petit monde local rêve d'une voiture ? Allons-nous lui demander d'adopter le tam-tam, alors que tout le monde a un téléphone portable ? Allons nous faire croire que « Afrique » doit éternellement rimer avec « merdique » ou « préhistorique » et que s'intégrer là-bas équivaudrait à tourner le dos aux moyens modernes de vie, à faire exciser sa fille, à épouser plusieurs femmes, à adopter ces coutumes dont l'Africain moderne (c'est un pléonasme, mais il paraît encore indispensable) se débarrasse de plus en plus ? Non, assurément non, l'Afrique ne peut plus, ne doit plus se complaire dans cette position paléolithique où certains Noirs acceptent, contre toute logique, contre toute réalité sociologique, qu'elle soit virtuellement maintenue. L'Afrique, ce n'est plus la représentation de ces fantasmes de l'Européen que véhiculent encore certains médias, faite de génies, de vies bucoliques et de rituels ancestraux. Paradoxalement, ceux qui prétendent la défendre, ceux qui vous traitent de bounty, tous ces afrocentristes du dimanche ne se rendent pas compte, sur ce sujet aussi – l'intégration du Blanc en Afrique –,qu'ils ont de l'Afrique l'image que renvoie l'Occident.

En fait, le Blanc qui arrive en Afrique s'intègre systématiquement aux modèles auxquels aspirent fort légitimement toutes les femmes et tous les hommes de son siècle. D'ailleurs en Afrique, il est bizarre et souvent suspect, le Blanc qui s'en va vivre dans les conditions de misère des populations pauvres. Parfois il est admiré et l'Africain passera tout son temps, en signe de reconnaissance envers ce dieu descendu sur terre, à lui faciliter la vie. Bernard Bragard, mon ami et ancien maire de Courcouronnes dans l'Essonne, m'a raconté comment il était choyé au Togo quand il prenait le taxi-brousse. La cabine lui était réservée, même s'il fallait pour cela virer la femme enceinte ou le vieillard hiératique. Dans ces noires contrées, même les traditionnels respects dus à la mère et au géronte se pliaient devant la magnificence du petit Blanc de 20 ans. Jean-Louis Sagot-Duvauroux a connu le même respect admiratif au Mali, parce qu'il avait condescendu à vivre comme un Malien de sa condition – jeune enseignant – à Bamako. « Ce qui me valait tant de compliments... c'était tout simplement que je vivais... comme on vivait à Bamako quand on était comme moi, un enseignant normal... L'admiration allait au fait que je sois blanc. Un Blanc vivant comme tout le monde.[142] »

Quand les curés et les pasteurs arrivaient sur les terres africaines des missions, s'ils étaient affectés dans une lointaine contrée villageoise, très peu de temps après leur installation, ils en maîtrisaient les modes de vie et la langue en premier. Ils s'intégraient donc à la réalité de cet espace et essayaient de lui apporter ce qu'ils considéraient comme des valeurs de la culture de leurs origines : langue, religion, éducation scolaire, médecine, méthodes modernes d'agriculture...

La récrimination des Noirs grognons contre la non-intégration des Blancs en Afrique, cache quelque chose de bien plus pernicieux. Ils sont devenus tout simplement des caricatures de l'Occidental et voient l'Afrique comme l'occidental moyen la voit, c'est-à-dire un territoire qui n'aurait pas évolué depuis des millénaires. L'Afrique à laquelle ils demandent

---

[142] Jean-Louis Sagot-Duvauroux, *On ne naît pas Noir, on le devient*, Albin Michel, Paris, 2004, p. 14

au Blanc de s'intégrer serait cette Afrique rurale, immuable, restée en marge de l'évolution technologique. À leurs yeux, le plateau d'Abidjan ou de Dakar, le quartier Bastos de Yaoundé ou Bonandjo à Douala, avec leurs immeubles modernes, leur technologie avancée, leur air conditionné, ne sauraient être l'un des aspects de l'Afrique. Et c'est dans cette population à l'esprit entièrement occidentalisé, que se recrute l'armée zombiesque de ceux qui parlent de bounty.

Le fantasme du bounty, c'est le rêve de l'impossible retour à des sources qui n'existent plus. C'est l'impossible et dernière tentation du saumon, parce que les eaux douces des rivières de nos origines n'existent plus. Et le saumon disparaît s'il s'entête à remonter pour frayer dans les eaux qui l'ont vu naître, mais qui malheureusement sont aujourd'hui polluées et impropres à la naissance des saumons.

Je ne suis donc pas un bounty, parce que le bounty n'existe pas. C'est une simple vue de l'esprit, un barbarisme qui permet de stigmatiser n'importe quel Noir qui ne vit plus comme ses aïeux, c'est-à-dire tous. Comme tous les Noirs sont des bounties, ce terme se vide de son sens. Le même homme arpente les trottoirs de Dallas, de Douala, de Djakarta, de Dakar et de Dijon. Et la couleur de la peau n'y peut rien.

Épilogue : lu sur le Net, à propos de la sortie de ce livre, dont le titre pressenti fut d'abord *Bounty*

Le premier internaute : *Moi je pense surtout qu'il va sortir ce livre dans l'intention de se justifier auprès des Blancs pourquoi les Noirs l'appellent bounty. Les Blancs auront grâce à son livre une vision sur le mot « bounty » qu'il ne maîtrise pas. Cela peut être dangereux, car Kelman cherche à faire une définition du bounty comprise, acceptée par les Blancs, et rendre méprisable les Noirs qui emploient ce terme par cet essai.*

Le deuxième internaute : *Ben on changera de terme. On dira* des Kelman !

Merci ! C'est ainsi que l'on entre dans l'Histoire, comme Messieurs Silhouette, Parmentier ou Kalachnikov.

VI - L'AFROCENTRISME
OU LA DERNIÈRE TENTATION DU SAUMON

> Ce n'est pas le monde noir qui me dicte ma conduite. Ma peau noire n'est pas dépositaire de valeurs spécifiques[143]. Toutes les preuves qui pourraient être données de l'existence d'une prodigieuse civilisation songhaï ne changent pas le fait que les Songhaïs d'aujourd'hui sont sous-alimentés, analphabètes[144].

Qualifiant l'afrocentrisme dans le livre[145] qu'il lui a consacré, Clarence E. Walker parlait de *l'Impossible Retour*. Je parle quant à moi de la dernière tentation du saumon, ce retour réel ou symbolique à des sources mythiques, en quête de

---

[143] Frantz Fanon, *Peau noire, masques blancs*, Points Essais, Paris, 1971, p. 184.
[144] Frantz Fanon, *Les Damnés de la terre*, La Découverte Poche, Paris, 2002, p. 200.
[145] Clarence E. Walker, *L'Impossible Retour*, éd Karthala, Paris, 2004.

renouveau. Mais la der des der est-elle jamais la dernière? Nous savons que non, depuis la Première Guerre mondiale. Qu'est-ce que l'afrocentrisme?

Afrocentrisme ou le mythe d'une Afrique paradisiaque

Pour Molefi K. Asante[146], l'afrocentrisme « place littéralement les idéaux africains au centre de toute analyse impliquant la culture et le comportement africains[147] ». Pour Asante, l'Afrique apparaît comme un espace éthéré, « une utopie noire sans lutte ni discorde[148] ». Il rejoint Anta Diop, qui présente une essence africaine paradisiaque. Dans le berceau africain, « l'abondance des ressources de la vie, le caractère sédentaire et agricole de celle-ci, les conditions spécifiques de la vallée du Nil, vont engendrer chez l'homme, c'est-à-dire le Nègre, une nature douce, idéaliste et généreuse, pacifique, imbue de l'esprit de justice, gaie[149] ». Cet angélisme pré-adamique vertigineux interpelle et fait peut-être saillir les limites de l'afrocentrisme qui apparaît comme une propagande négriste de type mystique, plutôt que comme une analyse historique. L'objectif est-il encore de comprendre le passé? N'avons-nous pas basculé dans le désir de réhabiliter l'*amour-propre* des Noirs en leur créant une histoire sur mesure? L'afrocentrisme ainsi déshumanisé, ou plutôt surhumanisé, hérisse certains Noirs qui ne se reconnaissent pas dans ces analyses. Parfois, leur critique devient acerbe.

[146] Molefi K. Asante, né Arthur Smith, est un intellectuel noir américain très écouté sur l'afrocentrisme - enthousiasme nationaliste et culturel des Noirs américains contemporains (CE. Walker) – à propos duquel il a écrit une quarantaine de livres.
[147] Cette définition énoncée par Molefi K. Asante (in *Afrocentricity and Culture* Trenton, N. J., Africa World Press, 1982, p. 3) est citée par Clarence E. Walker, in *Afrocentrismes, l'histoire des Africains entre l'Egypte et l'Amérique*, ouvrage collectif, Karthala, 2001, p. 67.
[148] *Ibid.*, p. 73.
[149] Cheikh Anta Diop, cité par François-Xavier Fauvelle-Aymar, in *Afrocentrismes, l'histoire des Africains entre l'Égypte et l'Amérique*, op. cit., p. 35

Revenant sur le thème de l'*amour-propre* (*self esteem*) et à propos des Antilles, Stella Vincenot pense que l'afrocentrisme « donne un cachet scientifique aux mythologies réconfortantes élaborées pour que les Noirs recouvrent leur *amour-propre*. En proclamant une filiation avec les Égyptiens, on engage les Noirs à s'approprier leur prestige passé. Le plus petit déshérité du bas du bourg de Basse-Terre devient l'héritier des princes Ibo et par eux sans doute l'arrière-arrière-petit-fils de Pharaon.[150] » Pour ClarenceWalker, « l'afrocentrisme est une mythologie raciste, réactionnaire, à but essentiellement thérapeutique... (qui) caricature l'Afrique en considérant comme homogènes les diverses expériences des Africains dans le temps et dans l'espace[151] ».

Afrocentrisme ou afrocentrismes, cette quête d'une Afrique intemporelle traverse aujourd'hui tous les mondes noirs, du continent aux diasporas américaine, antillaise et hexagonale. Partout apparaît cette recherche d'un idéal africain qui aurait façonné une identité nègre depuis l'Égypte pharaonique et même bien avant. Les États-Unis, fer de lance de cette école, lui consacrent un abondant travail. On y retrouve un peu d'activisme politique, beaucoup de recherches scientifiques – notamment en histoire –, une bonne dose de principes spirituels, une quantité appréciable de conseils pratiques (prendre des noms africains, s'habiller africain, manger africain...). Les Antilles et l'Europe leur emboîtent fidèlement le pas et l'Afrique se contente de visiter de temps en temps cette cour des Miracles, investit ici ou là la sphère mystique[152] ou teste une burlesque authenticité en col Mao et à noms africanisés à ral-

---

[150] Stella Vincenot, in *Afrocentrismes, l'histoire des Africains entre l'Égypte et l'Amérique*, Karthala, Paris, 2001, p. 373.
[151] Clarence E. Walker, *op. cit.*, p. 37.
[152] Pino Schirripa, *Une Église afrocentriste au Ghana*, in *Afrocentrismes, l'histoire des Africains entre l'Égypte et l'Amérique*, ouvrage collectif, éd Karthala, Paris, 2001; p. 341 sq. Cette Église « met en avant un discours politique et religieux radicalement anti-Occident (p. 341)

longe, d'un Mobutu en quête de démiurgie. Qu'est-ce qui justifie cette quête ? un seul mot vient à l'esprit : MALAISE.

Les fondements d'une doctrine

L'afrocentrisme s'enracine dans le malaise qui parcourt l'histoire des hommes noirs depuis cinq siècles en Afrique et au sein des diasporas. « L'actualité plus récente illustre de manière sinistre le contexte structurel, reproducteur des frustrations et des colères qui sont au cœur de l'afrocentrisme. De l'exécution au Texas d'un condamné à mort pour crime passionnel supposé jusqu'à la manière dont les policiers new-yorkais ont été innocentés après avoir criblé de balles un jeune Guinéen. Mais l'Europe n'est pas en reste, de la jeune femme étouffée sous un coussin par les policiers belges à l'expédition par charter des Maliens de Paris..., en passant par les pogroms d'ouvriers agricoles en Andalousie.[153] » Toutes ces frustrations du présent poussent à se réfugier dans le passé que l'on auréolera de magnificence. L'afrocentrisme s'apparente à une réédition d'un negro spiritual profane qui réussit l'anticipation de placer la Terre promise dans le passé. Il n'est donc pas surprenant que l'œuvre de Cheikh Anta Diop ait connu un tel regain d'intérêt depuis les années 1980 qui voient arriver la politique de Reagan avec le coup d'arrêt infligé aux dispositifs des droits civiques ; qui constatent le déclin des économies africaines ; qui déploie les idées racistes et xénophobes en Europe et en France en particulier.

En ce sens, « l'afrocentrisme n'a pas eu tort de mettre en lumière les impensés eurocentristes de l'histoire et des sciences humaines[154] ». Il n'aurait pas eu tort de rechercher un passé africain « normal », différent des négationnismes, des

---

[153] François-Xavier Fauvelle-Aymar, Jean-Pierre Chrétien, Claude-Hélène Perrot, in *Afrocentrismes, l'histoire des Africains entre l'Égypte et l'Amérique, op. cit.*, p. 19
[154] Stella Vincenot, in *Afrocentrismes, l'histoire des Africains entre l'Égypte et l'Amérique*, p. 374

révisionnismes et des oublis de l'historiographie européenne. Il se sera appuyé sur les travaux de certains Européens qui, d'Hérodote à Eugène Guernier en passant par Champollion et Volney, s'offusquaient déjà de cette falsification de l'histoire africaine et universelle. Guernier en particulier reconnaît « l'apport de l'Afrique à la pensée humaine »[155] et affirme que le miracle égyptien est africain par ses origines. L'erreur de l'afrocentrisme, c'est d'avoir transformé l'histoire en outil d'une idéologie négrocentrée qui tombe dans ce que Cheikh Anta Diop appelle le *nazisme à rebours*; d'avoir fait d'une recherche scientifique un fondement religieux, mystique, sectaire; d'avoir voulu ramener le Noir dans cette vision essentialiste qui lui a pourtant été fatale[156], vision selon laquelle l'identité de l'individu s'explique par ses origines raciales ou ethniques; d'avoir oublié que les identités résultent d'une éducation, d'un espace social, spatial et temporel. Si l'on considère que la théorie afrocentriste est essentialiste, puisqu'on sait que l'essentialisme est une erreur, puisqu'on sait que la notion de race sur laquelle s'appuie l'afrocentrisme est une notion erronée, il devient évident que l'afrocentrisme est une impasse et qu'il convient de rendre chaque Noir à son espace, l'Africain à l'Afrique, l'Américain à l'Amérique et le Caribéen à sa réalité insulaire.

Je pense qu'il est extrêmement réducteur d'enfermer la grande diversité du continent africain et des hommes noirs dans un «centrisme» revanchard. Partant du principe que les problèmes du Noir viennent du fait qu'on lui a occulté son histoire, l'afrocentrisme se donne pour objectif de réhabiliter l'histoire du Noir. Le Noir devient africain et invente l'afrocentrisme. Mais ici aussi, on se trouve devant le constat que

---

[155] Eugène Guernier, l'Apport de l'Afrique à la pensée humaine, Payot, Paris, 1952.
[156] La Traite et la Colonisation ont trouvé leur justification dans le postulat de l'arriération du Noir comme race, comme essence statique depuis la nuit des temps, sans histoire et sans civilisation.

l'afrocentrisme est porté par les Occidentaux. D'une part, même si c'est Cheikh Anta Diop qui est perçu comme le père de l'afrocentrisme à travers ses travaux sur l'Égypte antique, ce sont les Noirs américains, des Occidentaux, qui vulgarisent cette école et la transmettent à l'Afrique et à la diaspora. Ensuite, l'afrocentrisme est une doctrine occidentale parce qu'elle utilise les méthodes de l'Occident mais aussi elle a pour réel modèle le monde occidental et ses prétentions hégémoniques. Fanon l'analyse si bien, cette attitude, quand il dit que l'intellectuel noir «dans le moment même où il s'inquiète de faire œuvre de culture ne se rend pas compte qu'il utilise les techniques et une langue empruntées[157]» à l'Occident.

Une doctrine dangereuse

Dès le début du raisonnement, tout se fonde sur l'opposition au Blanc. Cheikh Anta Diop situe les fondements de cette opposition à ce qu'il appelle les berceaux primitifs de l'humanité où la nature aurait clairement séparé les hommes à peau sombre des hommes à peau claire. « L'histoire de l'humanité sera confuse aussi longtemps que l'on ne distinguera pas deux berceaux primitifs où la nature a façonné les instincts, le tempérament, les habitudes et les conceptions morales des deux fractions de cette humanité avant qu'elles ne se rencontrent après une longue séparation datant de la préhistoire.[158]» Dans cette histoire naturelle, l'homme à la peau sombre a hérité de la vallée de l'abondance depuis les grands lacs jusqu'au delta du Nil. Ceci lui a conféré un caractère pacifique, généreux, doux et gai. Quant à l'homme à la peau claire - blanche ou jaune –, « la férocité de la nature dans les steppes eurasiatiques[159] » lui conférera

---

[157] *Ibid*, p. 212.
[158] Cité in *Afrocentrismes, histoire des Africains entre Egypte et Amérique*, op. cit., p. 35.
[159] *Ibid*.

un instinct de conquête pour la survie, et l'indispensable cruauté qui va avec.

Depuis cette période qui se situe plusieurs millénaires avant Jésus-Christ, l'essence nègre n'aurait pas évolué de son angélisme primitif, malgré les métissages, les changements de territoire, les modifications économiques, les imprégnations religieuses, et le Noir américain autant que l'Antillais ou le Noir de l'Inde, demeurent de parfaits Africains. Ici, le problème des sangs mêlés – mélange de qualités nègres et de défauts indo-européens – ne peut être éludé. Mais reconnaissons que, couramment, c'est le bien (noir, une fois n'est pas coutume) qui l'emporte sur le mal (blanc).

Une fois acquise l'unité intemporelle des hommes à la peau sombre, il convient de les replacer dans leur réalité par rapport au reste de l'humanité. D'après l'un de ses plus éminents céroféraires, «l'afrocentrisme cherche à découvrir et à utiliser les codes, les paradigmes, les symboles, les configurations, les mythes et les lignes de discours qui renforcent le caractère central des valeurs et des idéaux africains comme cadre de référence pertinent pour rassembler et examiner les faits. Une telle méthode... a pour but de revaloriser la place de l'Afrique dans l'interprétation des Africains du continent et de la diaspora.[160] »

Il est évident que tout le monde ne peut qu'adhérer à un objectif aussi noble et humaniste que la revalorisation de la place de l'Afrique. Et cette tâche ne devrait pas incomber aux seuls «Africains du continent et de la diaspora». Elle incombe à toute l'humanité qui doit s'exorciser de cette barbarie qui a été à l'origine de l'esclavage. Seulement, tel n'est pas le dessein d'Asante. À chacun ses références: aux Blancs la

---

[160] Cette définition énoncée par Molefi K. Asante (i *Kemet, Afrocentricity, and Knowledge* Trenton, N. J., Africa World Press, 1990, p. 6) est citée par Clarence E. Walker, in *L' Impossible Retour*, op. cit., p. 7

Grèce et la Rome antiques, aux Noirs l'Égypte. Il enferme le Noir dans des incantations sectaires qui veulent transformer la négrité en religion, avec une philosophie, des rites, un baptême, les Noirs de la diaspora devant adopter des noms africains. Ne se rend-il pas compte que son afrocentrisme n'est qu'un caricatural eurocentrisme mélanoderme? Les afrocentristes auraient eu un grand mérite à réhabiliter l'histoire occultée du Noir, en la replaçant sur une perspective universelle. Mais vouloir une fois de plus placer l'Afrique à côté de l'univers est un plat réchauffé que n'importe quel raciste blanc aurait un réel plaisir à déguster.

Au moment où la notion de race devient obsolète, quel mérite le Noir aurait-il à perpétuer des antagonismes dominos? Les équations intergalactiques de Cheick Modibo Diarra ne sont-elles pas les héritières des recherches de Wernher Von Braun qui elles-mêmes découlent en droite ligne des mathématiciens égyptiens, grecs et arabes? Restaurer l'honneur perdu du Noir, ce n'est pas le mettre à côté de l'humanité; c'est lui donner sa place dans la civilisation humaine. Mais c'est surtout lui faire conquérir une place honorable dans le présent et lui permettre de bâtir des perspectives saines pour le futur. Et la réhabilitation du passé a sa place dans cette perspective. À partir du moment où la race est déclarée morte, à partir du moment où il est universellement acquis qu'elle ne servira plus comme base de raisonnement ou de démonstration, comme concept opératoire, l'afrocentrisme perd tout fondement et ce faisant, toute légitimité.

Nouvelles perspectives

«Que surtout l'on comprenne. Nous sommes convaincus qu'il y aurait un grand intérêt à entrer en contact avec une littérature ou une architecture nègres du IIIe siècle avant Jésus-Christ. Nous serions très heureux de savoir qu'il exista une correspondance entre tel philosophe nègre et Platon. Mais nous ne voyons absolument pas ce que ce fait pourrait changer dans la situation des petits gamins de huit ans qui travaillent dans les champs de canne en Martinique ou en Guadeloupe.[161]»

La pensée de Fanon a été traversée de part en part par la conviction que si le passé mérite intérêt, son impact sur le présent n'est pas direct. On rencontre cette conviction dans *Peau noire, masques blancs*, qui s'adresse essentiellement à l'Antillais. On la trouve aussi dans son manifeste révolutionnaire, *Les Damnés de la terre*. On la trouve encore sous d'autres formes, quand il évoque des luttes d'indépendance de peuples autres que ceux des pays d'Afrique. « Ce n'est pas parce que l'Indochinois a découvert une culture propre qu'il s'est révolté. C'est parce qu'il lui devenait, à plus d'un titre, impossible de respirer... Les Vietnamiens qui meurent devant le peloton d'exécution n'espèrent pas que leur sacrifice permettra la réapparition d'un passé. C'est au nom du présent et de l'avenir qu'ils acceptent de mourir. [162]»

Le passé plus ou moins récent des Noirs a été marqué par des drames d'une brutalité indescriptible. Les Traites négrières arabes et européennes, puis la Colonisation, ont très profondément traumatisé le continent africain et les Noirs descendants d'esclaves. Aujourd'hui, la tâche à laquelle doivent s'atteler les élites africaines et celles des autres groupes de Noirs, c'est de travailler à sortir de ce trauma. Cette démarche ne peut être entreprise avec espoir de succès que si, avant toute chose, sont pris en compte deux facteurs majeurs dans la problématique noire.

Le premier élément est le suivant. Quoi qu'en dise une certaine pensée romantique qui cherche à créer une mythologie

---

[161] Frantz Fanon, *Peau noire, masques blancs, op. cit.*, p. 187.
[162] *Ibid.*, p. 183, 184

thérapeutique pour le Noir en décrétant une unité intemporelle de la race, en ressuscitant une Afrique antique idyllique,
on est obligé de constater que les profondes divisions entre
les peuples noirs ont contribué à leur asservissement à travers la Traite, puisque les fournisseurs des esclavagistes
n'étaient pas des razziaires venus de l'étranger. Certes avant
cela, il y avait la dévalorisation, le mépris et le racisme qui en
découle pour cette race, qui autorisaient que l'on se donnât
le droit d'aller la *traiter* pour un usage servile.

Il y a ensuite la pauvreté endémique de l'Afrique dont la
linéarité continentale ne peut avoir qu'une seule origine : le
trauma dû à l'asservissement. Comme nous l'avons dit plus
haut, seuls l'esclavage et surtout la colonisation, peuvent justifier que des peuples – les peuples noirs – qui avaient des
histoires bien différentes les unes des autres, dont certains
avaient des niveaux de civilisation élevés alors que d'autres
vivaient dans des systèmes assez sommaires, se retrouvent
tous aujourd'hui, peu ou prou, dans une similitude affligeante. Le même mépris et le même trauma ont englué les
Noirs descendants d'esclaves dans des situations subalternes. La pauvreté entretient le mépris et le trauma. Ainsi,
un groupe de penseurs noirs américains, que l'on a appelés
les *intégrationnistes*, a pensé que la sortie de la pauvreté est
le moyen par lequel le Noir retrouvera respect et dignité.

« Quand l'humble condition de l'homme noir aura disparu,
quand il deviendra un directeur de banque compétent, quand
il aura réussi à métamorphoser la condition qui attache à lui
l'insigne de l'esclavage et de la dégradation et se sera fait une
réputation de financier, sa couleur s'effacera devant sa réputation, son compte en banque et ses intérêts financiers. [163] »

[163] Clarence E. Walker, *L'Impossible Retour*, *op. cit.*, p. 171.

Booker T. Washington lui-même, l'un des plus grands penseurs noirs d'Amérique, cité par Walker, ne pense pas différemment. « Rien d'autre ne permettra d'établir plus vite des relations convenables entre les deux races dans le Sud que la progression du Noir dans le domaine professionnel... Qu'il le veuille ou non, un Blanc respecte le Noir qui a une maison de briques de deux étages. [164]»

Après avoir pris en compte ces deux préalables, comment faire pour sortir du trauma ? Est-ce que la résurrection d'un passé glorieux et supposé uniforme pour tous les Noirs, qui redonnerait fierté au Noir, conduirait les autres races à regarder le Noir d'un autre œil ? Est-ce que cette connaissance du passé va changer à terme plus ou moins long la mentalité du Noir ? Il est évident que ce n'est pas l'absence de civilisations fastueuses chez certains peuples ou l'ignorance de cette donnée par les Occidentaux, qui les a poussés à asservir ces peuples. Les fastes de l'Extrême-Orient, Angkor Vat, le Taj Mahal, l'université de Tombouctou et le tombeau de l'Askia, les pyramides pharaoniques, tous ces joyaux architecturaux, aujourd'hui patrimoine mondial, étaient bien connus des Occidentaux. Ceci ne les a pas empêchés d'annexer le Cambodge, l'Inde, le Mali ou l'Égypte, pire, de piller ces merveilles et de les détériorer. « On ne fera jamais honte au colonialisme en déployant, devant son regard, des trésors culturels méconnus[165] », disait Fanon. Quant à la grandeur des ancêtres, elle n'est pas plus héréditaire que leur médiocrité. Et il a bien raison, cet internaute quand il dit que « nous sommes, que cela nous plaise ou non, descendants des kemit, pas leurs héritiers. Ceux qui ont hérité de ce savoir, sont nos oppresseurs actuels.[166] » Et pour Fanon, un demi-siècle plus

---

[164] *Ibid.*, p. 172.
[165] Frantz Fanon, *Les Damnés de la terre*, *op. cit.*, p. 212.
[166] Un internaute du site *Africara*.

tôt, « la découverte d'une civilisation nègre au XVᵉ siècle ne me décerne pas un brevet d'humanité. Qu'on le veuille ou non, le passé ne peut en aucune façon me guider dans l'actualité.[167] » Que faire donc pour que le Noir et celui d'Afrique par-dessus tout, se fasse respecter par les autres races ?

Si la communauté noire française descendante de la Traite a une méconnaissance évidente de son histoire – ce à quoi les historiens doivent remédier –, en est-il de même pour les Africains ? Quel élève du continent noir n'a pas psalmodié l'histoire des empires Mandingue, Songhaï, du Ghana, du Bénin, du Monomotapa ? Lequel ignore les prouesses des stratèges comme Soundiata Keita, Chaka ou Samory, les fastes des rois du Bénin, les sciences des universités de Tombouctou, de Djenné ? Ne sont-ils pas tous au courant de la bravoure des résistants à la pénétration occidentale et celle des combattants des indépendances ? Cette gloire passée et bien connue des populations africaines a-t-elle aidé au développement social, culturel et économique des nations africaines ? *Qui peut nier* qu'aujourd'hui, un bateau négrier qui accosterait sur n'importe quel port de l'Afrique noire se remplirait en un clin d'œil d'une jeunesse bien au courant des grandeurs de son passé, mais désabusée par un présent sans futur, prête à payer la traversée et à la subir dans les mêmes conditions que les esclaves de la Traite et même à accepter un engagement – disons quinquennal – de servitude, juste pour gagner la terre promise occidentale, perçue comme terre d'aisance économique, de politique sociale et de grande culture ?

Est-ce la méconnaissance du passé qui enlève toute fierté à ce professeur que j'ai rencontré à Douala, qui abrutit à longueur

---

[167] Franz Fanon, *Peau noire, masques blancs, op. cit.*
[168] *Courrier international*, publication hebdomadaire, n° 763, du 16 au 22 juin 2005. Les citations sont tirées de l'article « Annuler la dette ne règle pas tous les problèmes de l'Afrique », p. 55.

d'années son auditoire estudiantin, en ressassant dans une litanie profane, impudique et blasphématoire, les promesses non tenues par l'Occident et passe sous silence l'encyclopédie de celles non tenues par les peuples concernés ? Est-ce cette même méconnaissance qui fait que l'annulation de la dette qui hier était réclamée par toute l'Afrique comme la panacée du développement, une fois accordée, devient insuffisante, comme le claironne ce journaliste ouagalais[168] ? Et pourquoi cette action ne serait pas suffisante ? Tout simplement parce que « au ministère des Finances du Burkina, l'un des pays bénéficiaires de l'annulation, on confesse ne pas avoir encore *une idée très claire de la situation...* (parce que) les dix millions de Burkinabés ne peuvent pas venir s'aligner sur la place de la Nation pour percevoir leur part du *gombo...* (parce que) l'annulation de ces créances, qui, de toutes les façons, avaient peu de chances d'être remboursées, n'aura pas de sens » si « l'aide publique au développement ne passe pas de 50 à 100 milliards ». Aide encore, aide toujours ! Et l'on ne peut s'empêcher de penser à cette exhortation de Cheick Modibo Diarra : « Il faut faire en sorte d'offrir une nouvelle image de la nouvelle génération d'Africains, qui ne veulent plus se voir comme des personnes soutenues, aidées...[169] ».

Nul ne nie la valeur du passé dans la construction de la mythologie d'un peuple, quoiqu'il soit illusoire de s'imaginer une mythologie raciale, sauf à la fabriquer de toutes pièces. Rappelons que le phantasme d'une uniformité nègre est une invention de l'autre, occidental ou oriental, pour le malheur du Noir. Beaucoup de penseurs noirs ont fait le choix de sortir du mythe de la cité radieuse négro-africaine du passé. Il n'a

---

[169] *L'Autre Afrique*, bimensuel n° 73, du 22 décembre 1998 au 5 janvier 1999, cité par Yves Antoine, *Inventeurs et savants noirs*, l'Harmattan, Paris, juin 2004., p. 141.

jamais existé *une* Afrique et les peuples africains qui ont composé ce continent étaient à l'image de tous les autres peuples, avec leurs grandeurs et leurs faiblesses, de puissants empires et des peuplades modestes. Et Clarence Walker va jusqu'à affirmer que «l'Afrique est une invention européenne du XIXᵉ siècle. Aucun Noir venant de ce continent au XVᵉ siècle par exemple, ne se serait appelé africain parce qu'il n'existait pas de sensibilité panafricaine, de la même façon qu'il n'y avait pas d'Europe ou d'Européens avant le XVIIIᵉ siècle[170]. »

L'Afrique n'a jamais existé comme entité culturelle, nationale ou politique. Certes Cheikh Anta Diop a souvent revendiqué une certaine unité culturelle africaine, ne fût-ce qu'à travers l'unité linguistique qui viendrait de la langue de l'Égypte pharaonique. Je peux me tromper, car abordant un domaine pour lequel je n'ai pas la moindre once de compétence. Mais l'unité linguistique indo-européenne est-elle, *aujourd'hui*, le gage d'une unité culturelle de toutes les nations qui parlent les langues qui la composent, bien qu'Anta Diop l'affirme? Ici, l'afrocentrisme devient un leurre, un cache-misère, un refus agaçant de suivre le sens de l'évolution pour se cantonner dans des alibis racialisées. Ainsi, les Africains noirs rejoignent les Noirs américains pour faire l'éloge des pharaons et chanter les mérites des hiéroglyphes et l'unité originelle des langues africaines, l'antienne bluesy d'un *passé* paradisiaque. C'est autant de temps perdu qu'ils auraient pu utiliser à adopter une langue à usage continental, dont les avantages économiques, culturels et sociologiques seraient inestimables.

L'unité et la fraternité politique et culturelle africaines peuvent être créées. Elles ne se feront pas par une proclamation.

---

[170] Clarence E. Walker, *Afrocentrismes*, *op. cit.*, p. 74.

Cette obligation historique dans laquelle se sont trouvés les hommes de culture nègre de racialiser leurs revendications, de parler davantage de culture africaine que de cultures nationales, va les conduire à un cul-de-sac [171].

[171] Frantz Fanon, *Les Damnés de la terre, op. cit.*, p. 204.

VII - LE JUIF, L'ARABE, LE NOIR
OU LES BÂTARDS DE LA RÉPUBLIQUE

> Pour (les) enfants (d'immigrés), il n'y a pas
> de retour possible. Puisqu'ils ne sont pas
> partis ; et lorsqu'il leur arrive d'aller dans
> le pays de leurs parents... ce n'est pas un
> retour, c'est un voyage de découverte,
> souvent décevant. Le Beur, comme le
> Black, se refuse à être balayeur ou égou-
> tier ; alors que sera-t-il ?
> (Albert Memmi, *Portrait du décolonisé*)

La France doute. Elle doute d'elle-même, de sa place en
Europe, dans le monde. Elle a peur du textile chinois, du plom-
bier polonais.

Nous sommes au matin du 6 juillet 2005 quand je m'assieds
devant mon ordinateur et écris cette phrase d'une grande por-

tée prémonitoire. Cette prémonition ne vient pas du fait que j'anticipe un événement. Ce que j'anticipe, c'est le discours qui essayera de déterminer les causes du cataclysme qui va s'abattre sur la France dans quelques heures. Nous sommes le 6 juillet et bientôt, à Singapour, la France saura si Paris, qui a présenté le meilleur dossier pour les jeux Olympiques de 2012, s'en verra confier l'organisation par le CIO (Comité international olympique). Nous sommes le 6 juillet; il est 13h50, et après l'interminable hymne olympique chanté par un trio chinois, le verdict tombe. London!

Le lendemain, tous les journaux sont unanimes. La France a perdu parce que c'est « difficile d'être au-devant de la scène quand on *doute* à ce point de son rôle[172] ». la France a perdu parce que «Blair gouverne un royaume où le cosmopolitisme est une valeur positive alors que de l'autre côté de la Manche (France), on se méfie du *plombier polonais*[173] », tout en se voulant le leader d'une Europe sans frontières dont la Pologne est un membre; parce qu'en France on diabolise le textile chinois, tout en vendant des Airbus à Pékin. La France a perdu parce qu'au moment où Londres, dans le film de promotion de sa candidature, parlait d'offrir les Jeux aux enfants du monde entier, exhibait l'icône Mandela et les enfants des pays pauvres – ces pays dont sont originaires beaucoup de membres du CIO –, Paris nous reservait du réchauffé franchouillard en présentant sur ces mêmes écrans, Johnny Hallyday et autres Catherine Deneuve. La France a perdu parce que notre entêtement frise l'absurde, comme l'illustrent les propos du brillant jeune chef d'entreprise Arnaud Lagardère, parlant du modèle social français. « On a un

---

[172] Le Journal *Libération* du 7 juillet 2005, éditorial de Jean-Michel Thénard, p. 3.
[173] *Ibid.*

Au-delà du Noir et du Blanc

modèle, c'est le nôtre, on ne va pas le changer... même si certains sont meilleurs[174] », même si depuis des décennies, ce modèle s'est montré incapable de descendre sous la barre des 10 % de chômeurs, d'intégrer ses immigrés, même si la délinquance gangrène nos cités et notre jeunesse.

La France doute. La France a peur de ses immigrés et ne croit plus à l'intégration républicaine, mais ne veut pas entendre parler de la discrimination positive que tous les autres pays confrontés aux difficultés d'intégration des minorités – USA, Angleterre, Inde, Brésil, Afrique du Sud... –, ont adoptée. Elle doute d'une partie de ses enfants et les considère comme des étrangers. Marianne a, en son sein, une foultitude de bâtards qui sont venus d'ailleurs et elle ne sait comment les traiter.

Le roi Arthur avait trois fils, nous dit la chanson populaire. Les choses ne se passaient pas bien entre le père et les princes. La France a trois bâtards, du moins elle les prend pour tels. Elle les prend pour tels parce qu'ils viennent d'ailleurs, c'est-à-dire d'un autre lit, c'est-à-dire de ses aventures lointaines avec d'autres contrées. Ils ne sont pas les fils légitimes de dame Marianne. Ils ne peuvent chanter *nos ancêtres les Gaulois*. Et comme c'est souvent le cas dans une filiation naturelle, les relations sont teintées de culpabilité de la part du père et d'une certaine perversité de la part des fils. Les trois bâtards de la France ne sont pas des indigènes de la République. Ils en sont bien des fils. On pourrait les prendre pour des enfants adoptés. Mais le terme « bâtard », qui implique la notion de culpabilité, est plus approprié que l'adoption qui est un acte profond d'amour. Pour l'adoption, la relation physique commence le jour de la rencontre. Le bâtard est le fruit d'une relation parfois perverse ou violente

[174] *Ibid.*, p. 5.

– viol de la mère —, qui est antérieure à sa naissance. La relation entre la France et ses bâtards est bien antérieure à leur naissance. Mais elle n'en perturbe que davantage leur existence. Les trois bâtards de la France sont donc le Juif, le Beur et le Noir. S'il fallait donner un surnom à chacun de ces fils par rapport à ses relations avec le père, le Juif serait le bâtard *maître chanteur*; l'Arabe serait baptisé sans conteste le bâtard *méchant* et le Noir, le bâtard *pleurer-rire*. Des surnoms que ces enfants, qui n'ont pas choisi leur condition peu enviable, endossent malgré eux.

L'odyssée du bâtard maître chanteur

Décrivant le Juif, la France vous tiendra à peu près ce langage : « Ce fils me fait un chantage inouï. Il n'arrête pas de se plaindre parce qu'il a beaucoup souffert. Et moi, je ne réussis pas à me défaire de la culpabilité que je ressens pour l'avoir un peu abandonné, un peu trahi. Vichy, c'est moi. Le Vél'd'Hiv, c'est encore moi. Chaque fois que je le regarde, je crois lire dans ses yeux cet éternel avertissement : J'ai beaucoup souffert et si on me regarde de travers, je hurle à la mort. Et moi, je me sens coupable ! Coupable ! » Seulement, quand on analyse le comportement de la France, on se rend compte qu'il ne s'agit pratiquement plus de culpabilité, mais de paranoïa.

Tout le monde se souvient de l'affaire du RER D. Une jeune femme, perturbée par ses angoisses existentielles, invente une attaque dont elle aurait été victime dans une rame tardive de RER. Des jeunes Noirs et Beurs l'auraient agressée parce qu'elle était juive. Ce n'est pas anodin si ses agresseurs appartiennent aux groupes des deux autres bâtards. La paranoïa du père a pour conséquence qu'elle oppose les bâtards, les uns aux autres, qui essayent de chiper un peu plus de son amour. Le discours de la fille à la santé mentale défaillante, comme la décrit sa mère, est tellement chaotique que personne n'y a cru. Quarante-huit heures suffiront à la police pour le démonter. Cette affaire, somme toute banale, ne méritait pas les honneurs d'un commissaire stagiaire, juste la routine d'un inspecteur de police de banlieue. Cette précision n'a pas pour objectif de discréditer les policiers de banlieue mais bien au contraire de démontrer qu'ils sont rodés à ce type d'enquête.

J'ai dit que personne n'avait cru à la fable de la jeune femme. Mais il faudrait mettre un bémol à cette affirmation. Dès que cette fable a été rendue publique, elle a déclenché la déferlante du mieux-disant hypocrite de l'élite politique. Il s'agissait de démontrer au bâtard juif, qui se serait bien passé de cette stigmatisation, qu'on ne le laisserait pas seul dans cette épreuve. Jugez-en vous-mêmes :

Samedi, 10 juillet 2004, 19 h 42: communiqué de l'AFP de Versailles annonçant que « six hommes ont violemment agressé vendredi matin, une jeune femme... qu'ils croyaient juive ».

Samedi, 10 juillet 2004, 21 h 54: 132 minutes après le communiqué de l'AFP, l'affaire est trop importante pour que le ministre de l'Intérieur, Dominique de Villepin, n'interpelle pas la Nation en danger. Il condamne « l'agression ignoble, aggravée de gestes racistes et antisémites ».

Samedi, 10 juillet 2004, 22 h 11 : le grand regret du Président est certainement d'avoir été devancé de 17 petites minutes dans cette course à l'échalote, par son ministre de l'Intérieur. Alors, il va se rattraper en ajoutant aux superlatifs ministériels sa vive émotion et sa profonde sympathie pour la jeune femme et son enfant « ainsi qu'à tous les siens ». Il y a vraiment de présidentielles émotions et sympathies qui se perdent.

177

Dimanche, 11 juillet 2004, 10 h 41 : sans le moindre respect pour la trêve dominicale ni pour cette heure matinale réservée au culte chrétien, Douste-Blazy, dont on se demande encore aujourd'hui à quel titre il intervient, rejoint le chœur sémitophile. Non que les autres interventions aient un quelconque sens, mais les blessures morales, même en forme de croix gammées, nécessitent-elles l'intervention du ministre de la Santé ? On apprend donc qu'il parle *au nom du gouvernement*, et l'on se demande au nom de quoi le ministre de l'Intérieur et le Président de la République ont parlé.

Après le branle-bas gouvernemental, à l'heure de l'apéro (12h30), Noël Mamère fustige l'utilisation du Juif comme bouc émissaire de nos propres peurs, et à l'heure du rôti (13h03), la LICRA franchit le Rubicon démagogico-logorrhéique en hurlant aux «nazis de banlieue (qui) défient la France».

Cette anecdote illustre à quel point la République se sent obligée de protéger le bâtard juif, au-delà de l'absurde. On n'imagine pas quelle autre circonstance mettant en scène une victime de l'insécurité – même le lynchage public d'un policier, place de la Concorde en plein midi –, aurait déclenché un tel tollé irresponsable, démagogique et irrespectueux de la police. Certaines personnalités juives n'hésitent plus à exploiter les contorsions de la République pour lui faire de temps en temps un procès. Cela est le cas presque annuellement quand le gouvernement se fait remonter les bretelles sur l'antisémitisme français, aux dîners du CRIF. Cela a été le cas quand Israël a exhorté ses coreligionnaires à quitter la Babylone française pour la Terre promise. La fébrilité et le sentiment de culpabilité de nos élites sont le terreau sur lequel prennent racine les communautarismes et l'insécurité. On se souvient aussi de la célèbre *pornographie mémorielle* dont

Dieudonné accusait la commémoration de la Shoah. On a pensé un moment à tort que cette expression avait été inventée par le comique. En fait, l'historienne Idith Zertal a bien utilisé cette expression dans la version anglaise de son livre *La Nation et la Mort* (Death and the Nation). Connaissant les polémiques qu'elle aurait suscitées en France, elle a demandé que cette expression soit enlevée de la version française. La France doute et dans des situations comme celle du RER, les postures de ses politiques font une victime majeure. C'est le Juif qu'elle expose aux projecteurs de l'antisémitisme.

Les tribulations du bâtard méchant

Pour certaines populations – noires et blanches en particulier -, le bâtard méchant tire de juteux dividendes de la barbarie du terrorisme international perpétré par ses coreligionnaires. Les succès bien relatifs des Beurs – un poste ministériel presque assuré à chaque gouvernement, des postes de conseillers à la Jeunesse et à l'Intégration dans les ministères, un préfet musulman, une sénatrice, etc. – seraient redevables aux kamikazes de Ben Laden et des islamistes. La cooptation politico-gouvernementale de certaines personnes d'origine musulmane ne nous paraît pas une rançon pour le chantage à la bombe. L'Islam est plutôt un frein pour cette population et le mérite des *chosen few* est indéniable. Par contre, le pauvre bâtardet est victime d'une condescendance mièvre, d'un paternalisme vicieux et d'une suspicion permanente en malveillance. D'où le nom de *bâtard méchant*.

Le débat pour savoir si l'on doit parler de l'Islam *de* France ou de l'Islam *en* France me paraît affligeant d'hypocrisie, de démagogie, de cette agaçante manie typiquement française d'éviter les problèmes de fond pour des débats de forme. Est-ce que l'on se pose la question de savoir si l'on doit parler du

179

judaïsme, du christianisme, de l'hindouisme, du kimbanguisme, de l'athéisme, de l'agnosticisme ou encore de l'animisme *de* France ou *en* France? Et quand ce serait le cas, qui
est-ce qui aurait légitimité à en parler, les princes du culte ou
ceux de l'État?

Il est évident que l'on ne peut pas faire l'économie d'une
réflexion sur l'immigration maghrébine et sa spécificité religieuse. Pourquoi l'Islam renvoie-t-il toujours à l'Arabe et
jamais au nombre non négligeable de musulmans d'origine
ouest-africaine? Mais aussi, on va se dire que les Asiatiques,
dont le nombre ne cesse d'augmenter, ont bien des pratiques
religieuses peu catholiques. Pourquoi ne se pose-t-on pas des
questions sur eux? Parce que les cultes asiatiques parlent de
Zen. Parce que l'Islam associé à l'Arabe a été, dans le passé, le
couple honni par la France. Les Croisades et les victoires des
musulmans restent inscrites dans l'inconscient collectif.
Roland à Roncevaux, Martel à Poitiers, rien n'a été oublié. Et
quand commence la colonisation, tout Français le sait très
bien, «les Arabes ne seront à la France que lorsqu'ils seront
chrétiens [175]». En effet, l'Arabe a toujours été assimilé à l'Islam
et l'Islam à la perversité. C'est Guy de Maupassant cité par
Ruscio, qui l'affirme en 1883 : «Ces hommes en qui l'islamisme
s'est incarné jusqu'à faire partie d'eux, jusqu'à modeler leurs
instincts. [176]» Si le Jaune est fourbe et le Noir indigène-enfant,
« l'Arabe est, incontestablement, la bête noire de la pensée
coloniale... Il est mesquin, il est traître.[177]» Et c'est la faute de
l'Islam.

Si l'on continue donc de penser que l'Islam, comme religion universelle, est incompatible avec les lois, l'égalité des

[175] Alain Ruscio, *Le Credo de l'homme blanc*, Complexe, Bruxelles, 2002, p. 115.
[176] *Ibid.*, p. 64.
[177] *Ibid.*, p. 63.

sexes et des races républicaines – c'est en effet à cela que renvoie la dialectique *Islam de France/Islam en France* –, pourquoi ne pas le dire et entreprendre une vraie campagne d'information et de pédagogie pour que les musulmans français soient conscients de l'impossibilité pour la République d'accepter les dimensions non républicaines de leur doctrine? En 1905, on a procédé à la séparation des Églises – toutes les Eglises – et de l'État, pour freiner l'hégémonie du catholicisme. Beaucoup de catholiques ne s'en sont jamais remis. Pour tout le monde, c'est leur problème. Plus récemment, notre pays a pris position clairement contre les sectes, alors qu'elles ont leur place dans beaucoup de démocraties occidentales, notamment les USA.

Si par contre, nous avons enfin accepté le fait que les préceptes d'Allah, tels qu'ils ont été transmis par son prophète, sont compatibles avec les exigences françaises, pourquoi ne pas entreprendre la pédagogie auprès des populations et notamment des plus jeunes, pour désamorcer les angoisses existentielles des uns et les bombes idéologiques que les fous de Dieu et autres imams scélérats déposent dans nos banlieues? On le voit, il n'y a qu'une voie vers le salut. Cette voie passe par la pédagogie et l'éducation et non par ces débats méprisants sur l'Islam qui se focalisent sur un minuscule élément de syntaxe, sur une insignifiante préposition. Islam *de* France, Islam *en* France!

Avec une simplicité désarmante, au cours d'une séance de travail sur la laïcité, convoquée par Michel Charzat, maire du 20e arrondissement de Paris, Marek Halter m'a ouvert les yeux sur la compatibilité essentielle entre l'État et les trois religions du livre. Moïse a clairement séparé la Foi du temporel. Il a choisi de diriger le peuple de Dieu dans sa dimension temporelle, laissant la prêtrise à son frère. C'est avec la même clarté que Jésus a demandé que soit donné à César (pouvoir temporel) ce qui est à César, et à Dieu (pouvoir spirituel) ce qui est à Dieu. Quant à Mahomet, il ira s'installer à Médine pour exercer le pouvoir temporel sans empiéter sur la marche du religieux et ne se tournera vers La Mecque que pour la prière.

Quel est aujourd'hui le comportement du politique face à l'Islam ? L'État fait de l'ingérence dans cette religion par mépris ou par fourberie. Pourquoi faut-il que les pouvoirs publics se mêlent d'organiser la manière dont les musulmans doivent gérer leurs affaires ? Comment imaginer qu'un ministre de la République soit prêt à réformer la loi de 1905 sur la laïcité pour permettre de financer les mosquées avec les deniers publics, parce que l'Islam *de* France serait pauvre ? En quoi est-ce que les caisses des religions sont affaire d'Etat ? Est-ce le prix à payer pour l'ordre public, alors qu'il y a des lois qu'il suffit de faire respecter ? Serons-nous capables de gérer la surenchère que cette première dérobade entraînera inexorablement ? Non, assurément non ! Les palinodies et les pantalonnades ne remplaceront jamais l'incontournable pédagogie dont notre société a besoin.

Bâtissez donc les mosquées aux musulmans et dès la première, il sera déjà trop tard pour faire comprendre à certains mollahs que l'Islam n'a pas conquis en France la place de religion d'Etat, sinon de RELIGION-ÉTAT.

Quand on sait que beaucoup de villages sahéliens sont dotés d'une mosquée construite par leurs immigrés, mosquée souvent peu ou pas exploitée, en tout cas pas par eux ; quand on sait qu'une souscription en France pour la construction d'un lieu de culte à Alger ou à Casablanca, à Bamako ou à Dakar rencontrerait un grand succès ; quand on sait que ces actions de prestige font l'objet de l'admiration des élites françaises, on se demande de quel droit on doit croire les musulmans de France, incapables de financer leurs lieux de prière ici, les seuls qui aient un vrai sens pour eux, puisqu'ils comblent un besoin objectif et ne correspondent pas à une illusoire recherche de reconnaissance sociale dans les pays d'origine.

On aurait tort de se contenter, pour toute explication, du prétexte électoraliste ou de la recherche de la paix sociale. Il s'agit ici d'une ingérence inacceptable qui découle d'un grand mépris envers ces populations. L'actualité récente ajoute au misérabilisme ci-dessus décrit une fourberie dont on se demande si l'objectif, qui se revêt d'une carapace de justice, n'est pas plutôt de discréditer longuement et lourdement l'Islam aux yeux du public français non musulman et de réduire à néant l'action des personnes de culture musulmane qui mettent l'État au-dessus de l'Islam.

Le 7 avril 2004, démarre un rocambolesque feuilleton juridique islamo-français qui va trouver son dénouement (provisoire ?) le 21 juin 2005. En avril 2004, Abdelkader Bouziane, l'imam de Vénissieux, est interviewé par un journal lyonnais. Les propos de l'homme d'Allah lui valent des poursuites judiciaires. Après une course poursuite avec la loi qui conduit à son expulsion vers l'Algérie, puis à l'annulation de cette décision de justice, ensuite à un jugement en appel, il est relaxé le 21 juin 2005. La conclusion de Monsieur le Juge est la suivante :

M. Bouziane s'est limité à expliquer ce que dit sa religion au travers du Coran et le tribunal n'a pas à pénétrer dans le for intérieur de la religion.

Ce jugement soulève un tollé de protestations tous azimuts. Pour Kébir Jbil, président du Mouvement des Maghrébins laïcs de France, «L'argument de la relaxe de l'imam Bouziane est scandaleux! Le tribunal a accordé aux écrits religieux, et en l'occurrence au Coran, la prééminence sur les lois de la République. Il est désormais possible de prêcher la haine, l'appel à la mort, le racisme, le sexisme, l'homophobie contenus dans tout texte religieux du moment que l'on ne s'adresse pas directement aux fidèles.[178]»

Dans une tribune parue dans *Le Monde*, 24 juin 2005, l'anthropologue Dounia Bouzar écrit : «Le juge aurait dû comprendre que l'islam est comme toutes les religions : il ne « parle» pas, ce sont les hommes qui le font parler. Les religions ne sont que le produit de ce qu'en font les hommes. Juger M. Bouziane n'était pas juger l'Islam !»

L'association Regards de femmes, par la voix de sa présidente Michèle Vianès, intervenant sur le site *Prochoix*, s'émeut de « la relaxe surprenante de Bouziane ».

Quand on lit l'interview de M. Bouziane, on s'interroge sur le bien-fondé de l'interprétation que le juge fait de ses déclarations qui, selon lui, se seraient limitées «à expliquer ce que dit sa religion au travers du Coran». Seulement, à plusieurs reprises, le journaliste interroge l'imam sur ce qu'il pense *lui*. L'imam répond selon ses convictions, parfois même, sans se référer au Coran.

Question : La musique est un péché pour vous ?
Réponse : Oui, car ça détourne du Coran.
Question : Et vous êtes pour la lapidation des femmes ?
Réponse : Oui, car battre sa femme, c'est autorisé par le Coran.

---

[178] Site Internet des *Musulmans laïcs de France*.

La musique est-elle interdite par le Coran ou est-elle condamnée par l'imam parce qu'elle détourne du Coran? Ce qui est effarant, c'est que dans la nouvelle République française, les textes religieux sont au-dessus de la loi. Quand le journaliste rétorque à l'imam que «c'est interdit de battre sa femme en France», celui-ci répond calmement : «Oui, mais pas dans le Coran.»

Dont acte!

Les enfants du bâtard pleurer-rire

Pour le bâtard noir, alias pleurer-rire, nous n'allons pas nous attarder sur le mythe banania. J'en ai abondamment parlé dans mon précédent livre. Je vais plutôt essayer de montrer comment les comportements qui avaient cours pendant la colonisation, continuent d'influencer les rapports de l'institution avec les enfants français noirs – ceci vaut aussi pour l'enfant *arabe* –, qui sont la nouvelle image de l'évolué dangereux.

Mais avant tout, répondons à cette question: ces enfants sont-ils considérés comme des Français? Ferdinand Ezémbé, un psychologue qui travaille sur les problématiques des migrants noirs, traite ce sujet avec une grande pertinence. «Alors que 98 % de ces enfants sont nés en France, ils sont qualifiés de transplantés, de déracinés.» Et il ajoute: «Peut-on qualifier d'enfant africain un jeune Noir né en France, et ayant grandi en France, tout simplement parce que ses parents sont d'origine africaine? Le faire serait... courir le risque de confondre l'origine de ses parents avec son identité. Cependant, on ne saurait nier que ces adolescents font partie dans le langage quotidien (et même intellectuel) d'une catégorie de personnes qu'on ne considère pas entièrement comme vrais citoyens français, d'où les qualificatifs comme *deuxièmes générations, semi-autochtones,* qui leur sont souvent attribués.[179] »

Au cours d'un colloque organisé en 2004 à Pithiviers[180], Madame Pascale Krief, chercheur à l'École des hautes études en sciences sociales a fait mention d'un rapport qui avait été réalisé pour la Communauté européenne sur le thème de l'intégration des immigrés. Ce rapport est accablant sur l'incapacité de l'institution française à donner leur place de citoyens aux enfants issus de l'immigration. Une comparaison avec leurs homologues anglais conduit à une conclusion claire : l'échec de l'intégration est dû à la seule institution – au sens large : pouvoirs publics, éducatifs, économiques... – et non au peuple, où la mixité est réelle.

En Angleterre, la communauté nationale est composée d'une communauté de communautés. Dans l'espace privé, les frontières entre les communautés sont étanches et il existe un fort sentiment communautaire. À la différence de la France où les relations amoureuses sont peu influencées par les origines, en Angleterre, il n'y a pas de mixité amicale ou amoureuse. 20 % de la jeunesse anglaise issue de l'immigration fréquentent les loisirs ethniques comme le cinéma et préfèrent les médias (radio, télévision). 50 % vont dans les lieux de culte. En France, l'étude fait apparaître une socialisation des enfants d'immigrés qui se détachent entièrement des origines. Leur réalité sociologique est plus en rapport avec les catégories socioprofessionnelles des parents qu'avec leurs origines ethnoraciales. Pour les études comme pour les loisirs, ils sont conformes aux normes françaises. Moins de 5 % d'entre eux disent s'intéresser aux médias ou aux loisirs

---

[179] Ferdinant Ezembé, *op. cit.*, p. 301.
[180] "Intégration : de quoi parle-t-on ? De qui parle-t-on ?"

ethniques et moins de 1 % fréquentent les lieux de culte (mosquées).

Tout s'inverse sur l'espace public, dans la sphère organisée par les institutions. En ce qui concerne l'espace public et la relation avec l'institution, les petits Anglais issus de l'immigration ont un total sentiment d'appartenance à la nation, alors que les petits Français s'en sentent exclus. À la différence de leurs homologues anglais, ils connaissent une forte crise d'identification avec la nation. Moins de 50 % sont inscrits sur les listes électorales et moins de la moitié de ceux-là disent avoir voté aux législatives de 1997. Ils sont 80 % en Angleterre et tous déclarent voter. Si en France la majorité dit s'identifier aux deux pays – la France et le pays d'origine des parents –, quand on demande de faire un choix, 80 % s'identifient au pays d'origine. Rappelons qu'en Angleterre, tous se déclarent britanniques.

L'enfant issu de l'immigration : le nouvel évolué

Dans sa prise en compte des minorités visibles issues des anciennes colonies, la France n'arrive pas à se défaire du mode de pensée colonial. Le droit à la polygamie dont ont bénéficié les immigrés jusqu'au début des années 1990, le fantasme sur le respect des origines, tout cela n'est que la poursuite de l'indigénat au cœur de l'Hexagone, puisque ces gens-là sont essentiellement différents. Quand Sarkozy parle du préfet musulman, il remet au goût du jour le mythe de l'évolué. Si j'ai dit que je n'étais pas un indigène de la République, ce n'est pas parce que l'on ne me considère pas comme tel, mais c'est parce que j'ai décidé une bonne fois pour toutes de ne pas me définir par rapport à ce que l'autre pense de moi, mais de lui expliquer qui je suis. Car à la base de tout, il y a l'ignorance et la carence de communication.

187

Quand l'Africain en France commence son discours par « chez nous en Afrique » et le poursuit en présentant l'Afrique comme un petit village traditionnel, il maintient son interlocuteur blanc dans l'ignorance.

« Il y a dans le monde mental des coloniaux les plus obtus, une hostilité sourde contre les *indigènes* ayant acquis la culture occidentale. On raille leur prétention à vouloir nous égaler, alors qu'ils ne réussiront qu'à singer nos défauts.[181] » La France a développé, dans ses colonies, une catégorie sociale qu'on appelait l'*évolué*. Il s'agissait de cette personne qui avait bénéficié de l'instruction dans l'école française. Parfois, elle avait terminé de brillantes études en France. Formée au mode de pensée français, élevée aux idéaux de Liberté et d'Égalité, ayant vu le sang noir versé dans la Fraternité des champs de bataille pour la défense de la France, elle a exigé de cette France que ses idéaux soient appliqués à elle aussi qui faisait désormais partie de la France, comme les autres Français. Cette égalité lui était alors déniée et ses revendications, brocardées. À ce propos, Ruscio écrit ceci : « Les indigènes qui ont fait leurs études en Europe et en sont revenus nationalistes, sont particulièrement vitupérés. Tout ceci est d'ailleurs fort logique. Sociologiquement, cette catégorie de la population vient (ou pourrait venir) directement concurrencer bien des Blancs... Idéologiquement, qui mieux que les intellectuels *indigènes*, pouvait saper les fondements mêmes de la pensée coloniale ?[182] »

L'enfant issu de l'immigration est le nouvel évolué.

---

[181] Alain Ruscio, *op. cit.*, p. 240.
[182] *Ibid.*, p. 241.

Il existe un indéniable parallèle entre la colonisation et l'immigration de main-d'œuvre. Le colonisé était socialement subalterne et ataviquement puéril. Le travailleur immigré l'est aussi. De même que le colonisé fait le travail qui ne peut être transplanté en Europe – plantations coloniales, exploitation du sous-sol – le choix pour l'immigration a été explicitement fait, d'une main-d'œuvre subalterne qui allait occuper en France les emplois dont les nationaux ne voulaient pas.

Peut-être a-t-on cru que l'on était revenu au modèle esclavagiste où les enfants hériteraient du destin servile de leurs géniteurs! C'est justement avec le développement de ces enfants que cette nouvelle face du syndrome de l'évolué va apparaître dans la pensée sociologique française. Quand les premiers enfants du regroupement familial commencent à arriver en France à la fin des années 1970, inconsciemment – du moins je l'espère de tout mon être – les vieux schémas colonialistes reprennent de l'activité. Le système de l'indigénat qui était appliqué aux colonies d'Afrique est adapté aux « indigènes » que l'on a transplantés en France. Il a été appliqué aux travailleurs immigrés sous forme d'un espace de vie spécifique. Plus tard, la législation suivra, qui s'adaptera aux spécificités de cette population – la polygamie entre autres – au lieu de l'aider à s'adapter à la France.

De même que l'on a entretenu les parents dans un substrat colonial sur la terre de France, on va entretenir savamment l'altérité chez les enfants. On leur apprend les langues de leur pays d'origine où ils sont supposés repartir tôt ou tard. Dans le milieu des années 1980, les enfants grandissent et l'on se rend très vite compte qu'ils n'auront pas la docilité servile de leurs parents. Ces enfants, avec leurs revendications tonitruantes, avec l'instruction qu'ils grappillent vaille que vaille, avec les organisations qu'ils mettent en place – SOS Racisme – bien qu'on essaye de les encadrer sinon de les récupérer politiquement, n'accepteront jamais de faire les boulots qui sont réservés à leur race. Ces enfants bénéficient de la générosité générationnelle, sont rejoints dans leur organisation par les petits Blancs pour former une multiraciale Black-Blanc-Beur.

Désormais, certains Blancs savent que bientôt cette génération, comme l'affirme Ruscio, va les concurrencer dans bien des domaines. Cette situation, angoissante pour certains, ne l'est pas pour tout le monde. Des politiques voient le parti qu'ils peuvent tirer de cette invasion étrangère. Le Front National, jusque-là microscopique, va profiter d'une conjoncture exceptionnelle, avec le chômage qui permet de brandir le spectre de l'étranger voleur des emplois que l'on devrait réserver aux nationaux. Ici, l'étranger n'est pas étranger, mais il est perçu comme tel et l'on fera tout pour lui barrer la route du travail réservé aux Français, c'est-à-dire aux Blancs.

C'est au moment où on l'attendait le moins que le mot « intégration » apparaît dans le paysage social français. Il eût été fort logique qu'on l'employât pour les parents qui en avaient bien besoin. Qu'aujourd'hui on instaure le *Contrat d'Intégration* pour les primo-arrivants, ceci est tout à fait normal. Car il s'agit tout simplement de les aider à acquérir les éléments de base pour leur vie en France : la langue, les circuits administratifs, la législation... Sont-ce là les éléments dont aurait eu besoin un adolescent né en France ou arrivé en bas-âge ? La langue, il la parle avec l'accent du terroir. L'instruction, il l'acquiert à l'école comme tous les enfants de toutes origines. Pourquoi a-t-on soudain ressenti la nécessité de parler d'intégration pour ces petits Français pour lesquels le terme et le dispositif étaient impropres, alors que l'on n'en a pas parlé à leurs parents qui, eux, en avaient besoin ?

L'intégration, véritable diversion stratégique, consciente ou non, va induire des comportements et des positionnements envers ces jeunes, qui auront des effets pervers dont on n'appréciera jamais les dégâts. On va s'opposer à leur désir de se libérer des origines et des difficultés des parents. Comme pour l'évolué des colonies qui est considéré comme un prétentieux qui pense être l'égal du blanc, on va surmédiatiser le syndrome du fils d'immigré fauteur de troubles au lieu de médiatiser la masse de ceux qui réussissent à devenir de tranquilles petits Français comme tout le monde. .

Quel est l'intérêt pédagogique de présenter sous toutes les coutures télévisuelles «le bac + 5 qui est au chômage»? Voudrait-on dépiter les autres de faire des études que l'on ne s'y prendrait pas autrement. Quel est l'intérêt pédagogique de montrer les bavures policières et les crimes dans les banlieues si l'on ne forme pas les policiers à les éviter?

Mais il est déjà trop tard et cette jeunesse, lentement, sûrement conquiert, malgré vous, sa place dans l'espace national. Il reste cependant d'autres combats et d'autres citoyens à libérer, d'autres France à rafistoler.

VIII - Toutes les France que j'aime
ou la fin de l'opposition Noir/Blanc

Il n'y a pas de mission nègre ; il n'y a pas de fardeau blanc. Non, je n'ai pas le droit de venir et de crier ma haine au Blanc. Je n'ai pas le devoir de murmurer ma reconnaissance au Blanc. Non, je n'ai pas le droit d'être un Noir. Je n'ai pas le devoir d'être ceci ou cela...

(Frantz Fanon)

Vous voulez faire plaisir aux Blancs... Vous cherchez un poste ministériel. Vous êtes un vendu. Ce sont quelques-unes des observations fraternelles que la publication de mon livre, mais surtout son succès (librairie et médias) m'ont valu auprès d'un certain public négroïde et néanmoins négricide.

Question : Comment les Noirs ont-il accueilli votre livre ?

Réponse : Ils veulent me lyncher.

Question : Pourquoi ?

Réponse : Pourquoi ! Parce que j'ai vendu la mèche. Ils n'aiment pas avoir le nombril à l'air. Ils disent que je suis un vendu, que je fais le jeu des Blancs, que mon livre ne vaut rien et que, si on l'a publié, c'est parce qu'il faut toujours un Nègre pour... donner bonne conscience aux Blancs.

Question : Allez-vous écrire un autre livre ?

Réponse : Oui.

Quand j'ai lu cette interview à un ami, il a immédiatement compris qu'il s'agissait bien de moi. En effet, j'ai eu à répondre des dizaines de fois à ces questions. Mais ici, il s'agit de l'interview imaginaire par laquelle Dany Laferrière[183] conclut son premier livre écrit en 1985. Le succès du Noir déclenche les foudres de la *communauté*[184] d'en bas qui n'accepte pas qu'un élément se détache du groupe. Et si tel est le cas, il ne peut être qu'un traître à la solde du Blanc. Aujourd'hui, cette critique venant de certaines catégories de Noirs, est peut-être le plus beau compliment que l'on puisse faire à un écrivain noir.

Vous voulez faire plaisir aux Blancs

Cette affirmation est souvent brandie par certains Noirs à la face de ceux que l'on considère comme des traîtres, des renégats. Et si je cherche à faire plaisir aux Blancs, si j'accepte de trahir mes frères, c'est parce que je suis en quête de la reconnaissance du Blanc qui se manifestera – on me l'a souvent prophétisé –, par un poste ministériel pour immigré –

---

[183] Dany Laferrière, *Comment faire l'amour avec un nègre sans se fatiguer.* Le Serpent à Plumes Paris, 2004, p. 163.

[184] Le succès de mon précédent livre m'a rendu suspect de trahison et exposé au genre de traitement dont parle Dany Laferrière.

secrétariat d'État à l'intégration – ou celui de conseiller à l'Intégration dans un cabinet ministériel. Et ceux-là me disent, la main sur le cœur, qu'ils ne vendront jamais leur âme ou leurs frères pour la vanité d'une couverture médiatique. Si j'ai eu une certaine couverture médiatique, si mon essai a connu un certain succès de librairie, c'est parce que je faisais le jeu des Blancs. Je disais ce qu'ils voulaient entendre.

J'ai présenté, au début de ce travail, les livres de deux *vendus* qui paradoxalement ne font pas les manchettes assassines des sites Internet blacks. J'ai présenté le livre d'Abd Al Malik, qui demande à Allah de bénir la France, son pays. J'ai présenté le livre de Lilian Thuram, qui voudrait de temps en temps prendre le temps de dire à la France qu'il est conscient de la chance qu'il a d'être né dans un pays qui peut mieux faire certes, mais n'est pas plus mal qu'un autre. Bien au contraire ! J'ai présenté la pensée de Thuram qui, rompant avec le manichéisme et l'angélisme de certains Noirs, fustige avec la même énergie les comportements des puissances occidentales esclavagistes et la cupidité des chefs indigènes qui ont livré leurs propres frères noirs aux négriers. J'ai fait mien son conseil, quand il dit à son enfant de ne pas revendiquer essentiellement un statut d'esclave, parce que l'Afrique a existé culturellement avant l'esclavage. J'ai trouvé juste qu'il pense que l'on ne doit pas faire porter la responsabilité de l'esclavage à toute la population blanche.

Dans un livre récent[185], Dia, enfant de la DDASS, de trois à douze ans, nous parle de sa relation avec la France qui fera réfléchir tous ceux qui pensent que quand on est noir, on ne peut pas être français.

Pour régler une bonne fois cet aspect des choses : je suis français. Mon passeport, mes souvenirs, ma langue sont fran-

---

[185] Mohamadou Dia, *J'ai fait un rêve...*, Ramsay, Paris, 2005.

çais. C'est comme ça. Pas plus que mes compatriotes, je ne l'ai choisi, et pourtant, je l'assume pleinement comme eux. J'ai déjà ressenti un pincement au cœur quand le drapeau montait la hampe aux jeux Olympiques. À l'étranger, il m'est arrivé de m'opposer à des critiques émises contre des habitudes françaises. Je suis fier de Tony Parker, d'Amélie Mauresmo ou de la position de mon pays dans la deuxième guerre d'Irak... Je râle aussi comme au café du commerce contre telle ou telle décision politique. J'aime la sole meunière et je déteste la tête de veau. Je peste contre les impôts, mais je paye ce que je dois au fisc... Enfin bref, c'est mon pays, quoi... Quels que soient ses qualités ou ses travers, je signe le pacte républicain comme n'importe lequel de mes compatriotes [186].

Si dans quelques mois, cette profession de foi d'un enfant de la République n'était pas enseignée dans toutes les classes d'instruction civique de France et de Navarre, ce serait à désespérer. Si j'apprécie cette leçon de civisme, je ressens cependant une pointe d'amertume. Que le témoignage de cette jeunesse ne soit pas aussi entendu que les appels à la guerre raciale de certains apprentis sorciers, noirs et blancs. Mais la liste de ces vendus qui osent se dire français, apprécier et défendre la France alors qu'ils sont noirs, ne fait que s'ouvrir. Vous pouvez y ajouter le conte de fées républicain de Safia[187], jeune, noire, vice-présidente de Conseil régional et maire adjoint.

Je voudrais donc rassurer mes *frères* noirs qui pensent que je suis suspect d'ambitions inavouables. Je voudrais leur dire que je traite le thème de la place des Noirs en France depuis plusieurs années. Je voudrais leur dire que mes manuscrits ont été rejetés les uns après les autres pendant une dizaine

---

[186] *Op. cit.*, p. 19.
[187] Safia Otokoré, *Un conte de fées républicain*, Robert Laffont, Paris, 2005.

d'années, parce que je n'étais pas politiquement correct. Je voudrais leur dire que j'ai refusé obstinément de traiter de l'économie souterraine des banlieues ou de la sociologie des quartiers difficiles quand on voulait m'orienter vers ce voyeurisme de mauvais aloi qui allait contribuer à renforcer la stigmatisation des enfants issus de l'immigration noire et arabe. Je voudrais leur dire que je n'étais en quête ni de gloire, ni de reconnaissance sociale, que je ne caressais et ne caresse toujours pas le rêve messianique de devenir le représentant des Noirs. Je voudrais leur dire que parce que je croyais en mes idées et que je n'avais pour seul objectif que de les faire arriver au grand public à travers l'édition, je recherchais déjà un jeune, assez influent pour être publié – musicien, artiste, sportif ou chef d'entreprise – afin de lui céder mes textes. Pour devenir nègre, quoi ! Nègre d'un négrillon ! J'étais prêt à cela.

Je voudrais leur dire que j'ai connu le chômage parce que j'avais fustigé le syndrome du Nègre de service sur les listes électorales, pourvoyeur de bonne conscience politicienne au rabais. Je voudrais leur dire que j'ai condamné la discrimination raciale et le racisme qui éloignent les Noirs des professions médiatiques, des emplois supérieurs. Je voudrais leur dire que j'ai fustigé l'hypocrisie des pouvoirs publics qui semblent s'accommoder de l'errance des enfants noirs que l'on voit dans les rues, dans les abribus, dans les entrées d'immeubles, puis dans les centres éducatifs fermés et les prisons. Je voudrais leur dire que j'ai tiré la sonnette d'alarme sur les erreurs de bonne foi des éducateurs et des acteurs sociaux, que j'ai affirmé que je savais comment faire pour améliorer la situation dans nos écoles, dans nos cités, comment retirer les enfants de la rue, des prisons et des centres éducatifs. Je voudrais leur dire que mon rêve ultime, ma prière virile, c'est une France fraternelle, déracialisée. Je voudrais leur dire que de même que j'ai jeté, en un premier livre, toute ma rage, de même je mets toute mon énergie au service de mon pays. Et quand on me ferait l'honneur de croire que je peux y contribuer, je serais prêt comme un gentil petit soldat républicain. Je voudrais leur exprimer ma grande surprise et ma profondissime déception à la seule idée qu'ils m'ont cru irresponsable au point de penser que je refuserais un poste quand on me proposerait d'apporter les solutions que je dis détenir, aux problèmes qui minent la société, fragilisent et excluent une certaine jeunesse française, noire et arabe de surcroît. Je voudrais dire à ces parangons de la vertu que je suis prêt à aller au cambouis, parce que, aujourd'hui, la place du Noir et du *Beur* – qui l'a compris mieux que le Noir, si l'on en juge par son implication au débat à travers son abondante production littéraire par rapport aux faits de société en France –, cette place n'est plus à côté, mais à l'intérieur de la problématique sociale française, comme acteurs.

Je voudrais aussi rassurer ces croisés noirs qui sont en guerre contre les Blancs. Je voudrais les conforter dans la piètre opinion qu'ils se sont faite de moi. Je voudrais leur dire quel bonheur j'ai ressenti à faire plaisir au Blanc. Je voudrais leur dire que je vis dans un pays dont la grande majorité de la population est blanche, cette population dont les ancêtres ont influencé le destin des peuples qui ont alimenté l'immigration. Dans ces pays d'origine, les populations urbaines aujourd'hui vivent sur le modèle du modernisme occidental, loin des cultures, des modes de vie de leurs ancêtres. Je voudrais leur dire que je n'inscris pas mon action contre un groupe, mais pour la France. Et plus encore pour l'homme. Je voudrais leur dire que je n'ai jamais imaginé un seul instant que mon objectif soit de déplaire à la majorité des Français, les Blancs, que bien au contraire mon bonheur serait total si je savais justement que mon discours avait pu atteindre cette majorité, la toucher, l'émouvoir, lui plaire. En toute honnêteté, je cherchais à faire plaisir aux Blancs, aux Noirs, aux Jaunes, aux Arabes, aux Français, à leur apporter les premières notes d'un débat jusque-là escamoté. Tel est le vœu que j'ai clairement exprimé à la fin de mon essai. Je n'imagine même pas quelle bouderie infantile et stérile de cour de récréation de maternelle, me pousserait à penser que je ne devrais pas faire plaisir à mes frères de race blanche. Car le Blanc de France est plus mon frère en République – même s'il l'ignore parfois – et mon semblable en société, que le rural noir du Congo, le Hottentot noir d'Afrique du Sud, le Noir du Brésil ou de Calcutta. Ma fraternité n'est plus tribale, ethnique, raciale, épidermique. Elle s'enracine dans un contrat citoyen et dans une similitude de destin.

Je sais que souvent, généralement dans une situation de groupe minoritaire, le succès rend suspect aux yeux de certains. Je me souviens de ce vieil homme qui, au cours d'une conférence à Rouen, à l'occasion du sublime festival des cinémas du Sud organisé par mon frère blanc Camille Jouhair, disait qu'il se méfiait des best-sellers. Seulement, sa sentence était tronquée. Pour être dans le juste, il aurait dû ajouter que les best-sellers suspects sont ceux des Noirs et que les succès d'Amin Maalouf ou Denis Tillinac l'agacent moins que ceux de Gaston Kelman ou Serge Bilé. Je connais l'état d'esprit de ces hommes du passé, dépassés, et néanmoins compassés, dont le seul mode d'expression est l'anathème envieux envers ceux qu'ils croient appartenir à leur groupe. Et il se gargarisait de ce succès facile et factice qu'il croyait décrypter dans le rire strident de certains jeunes, quand il brocardait, avec ce qu'il croyait être une verve accomplie, *le monsieur qui prétend ne pas aimer le manioc.* À quinze ans, de tels comportements sont compréhensibles. Un demi-siècle plus tard, ils deviennent ridicules.

199

Je plains beaucoup plus la jeunesse qui se laisse prendre à la bassesse de cette faune qui s'use dans une prétentieuse, éternelle et inféconde fréquentation des amphithéâtres et se met à suspecter le succès de ceux qui lui ressemblent physiquement. Et j'ai le plaisir de renvoyer cette jeunesse à cette citation d'un jeune professeur d'université au Cameroun qui s'adresse à ceux qui ont été «déroutés par le titre d'un essai dont ils n'ont pas compris l'humour[188]» et qui sont restés « figés à une perspective critique binariste[189] ». Il poursuit à propos de cette absurde perspective critique : « Ce manichéisme n'est pas un phénomène nouveau. Il procède d'une vieille tradition critique qui consiste à opposer de façon systématique tradition et modernité, Blanc et Noir. Selon la logique de cette approche, un livre qui plaît aux Blancs devrait automatiquement déplaire aux Noirs ; un discours que les Blancs accueillent, devrait automatiquement être rejeté par les Noirs. Blancs et Noirs devraient donc être éternellement et historiquement deux pôles antinomiques.[190] »

Aujourd'hui, je voudrais vraiment plaire à une catégorie de Blancs. Je voudrais apporter un peu de réconfort aux Français détruits et diabolisés par les expérimentations des élites. Ces Français blancs que l'on a jetés dans les bras des extrémistes.

À toi Blanc, mon semblable, mon frère

Je connais un homme, un couple, une famille. Cet homme s'est installé sur une commune de la banlieue parisienne dans les années 1970. Il venait de Paris ou de sa province natale. Sa tête était bien faite d'études universitaires et bien pleine des beaux rêves soixante-huitards, rêves de Liberté – celle qu'il

---

[188] Marcelin Vounda Etoa, in *Patrimoine*, le mensuel (camerounais) de culture et de sciences sociales, n° 56, février 2005, p. 3.
[189] *Ibid.*
[190] *Ibid.*

était venu chercher ici –, d'Égalité – celle qu'il espérait construire –, et de cette Fraternité universelle qui lie tous les humains, sans distinction de couleur ou de religion. Parfois, cet homme croyait plus en l'homme qu'en Dieu. Et quand il croyait en Dieu, il n'en aimait que plus l'homme.

Cet homme était professeur, instituteur, infirmier, assistant social. Sa femme exerçait une profession similaire et leurs enfants étaient encore petits. Ce couple était jeune, ce couple était généreux. Ce couple a acquis un appartement ou un pavillon dans un environnement naissant, innovant, qui correspondait à sa quête de convivialité. Les voisins étaient comme eux, jeunes couples, parents de deux ou trois enfants, en début de trajectoire résidentielle, propriétaires présents ou en devenir. À défaut d'avoir réussi à refaire le monde de la bourgeoisie décadente parisienne ou provinciale, ils allaient réussir celui de leur banlieue kolkhozisée.

Dans ce nouvel Éden, la vie s'écoulait heureuse et jamais monotone : entre la semaine souvent au service de l'autre, à travers un emploi de fonctionnaire, puis le bénévolat associatif des fins de soirées, et la convivialité de voisinage des week-ends. Pendant les beaux jours, les habitants de l'immeuble ou du hameau – c'est ainsi que l'on a souvent désigné les groupes de pavillons autour d'un mail – se réunissaient autour de l'apéritif dominical. La convivialité permanente se poursuivait dans le parc ou le bois voisins pour un grilauvent géant. Et longtemps, jusqu'aux heures vespérales, l'espace résonnait du rire strident des jeunes femmes, célébrant les blagues salées des jeunes et fiers époux ; résonnait des jeux des enfants dont on blâmait mollement les débordements, parce qu'il était déjà presque interdit d'interdire.

Et puis un beau matin, une race nouvelle est arrivée, au propre et au figuré. Au propre, c'était une race différente, le

Noir ou l'Arabe. Un jour, dans le voisinage des jeunes couples blancs, une nouvelle race est arrivée. Au figuré, elle était composée de personnes occupant des emplois subalternes, éboueurs des rues de Paris et des grandes villes françaises ; ouvriers spécialisés sur les chaînes de fabrication automobile ou sur les chantiers du bâtiment et des travaux publics. Une nouvelle race qui n'avait donc rien de commun avec les jeunes soixante-huitards, ni les origines ethniques, ni les origines sociales, ni la catégorie professionnelle, ni la religion, ni les objectifs.

Nous sommes dans les années 1980. La France vient de décréter la fin des migrations de main-d'œuvre. Les immigrés ont le choix entre s'installer ou retourner définitivement dans leurs pays d'origine. Beaucoup décident de s'installer en France. Ces hommes jeunes étaient arrivés seuls, célibataires ou ayant laissé conjointes et enfants au pays natal. Aujourd'hui, par le biais du regroupement familial, ils peuvent faire venir leurs familles ou en constituer. Ce qu'ils font en masse. Il convient de rappeler que ces hommes ont été transplantés exclusivement du monde rural : qu'ils sont analphabètes ; qu'ils sont musulmans ; qu'on les a parqués dans un habitat ethnique – foyers malien, algérien, marocain, tunisien – où ils ne cohabitent pas avec les Blancs, autochtones ou immigrés. Il convient de rappeler que l'on ne les a pas invités à s'intégrer à la société locale ; qu'aucun effort n'a été fait pour leur apprendre les premiers rudiments du modèle culturel local, pas même la langue.

Au sortir du foyer, les familles se voient attribuer des logements en lointaine banlieue parisienne, bien loin du trottoir parisien qu'ils nettoient tous les jours. Il n'est pas question de leur proposer un logement dans la Ville lumière qu'ils risqueraient... d'assombrir au propre comme au figuré. Dans la lointaine banlieue où ils ont été dirigés sans avoir pu exprimer le moindre choix, ils vont retrouver nos jeunes soixante-huitards qui s'y sont installés par choix, pour mettre en pratique les beaux idéaux révolutionnaires de Liberté, d'Égalité et de Fraternité.

Deux logiques vont alors se trouver face à face : le Blanc et le Noir ; l'exilé volontaire et le naufragé ; l'ouvrier analphabète et la classe moyenne, le rural et l'urbain. Voici donc que se présente à nos jeunes Blancs une occasion unique de mettre en pratique leurs idéaux de fraternité. En France plus qu'ailleurs, tous les hommes, nous dit-on, naissent égaux et libres. Mais voici que le destin met devant eux des hommes et des femmes qui, dans l'histoire récente – la colonisation –, n'ont pas souvent été libres ; des hommes et des femmes dont on ne peut pas vraiment dire que dans leur vie quotidienne, ils soient les égaux de ceux qui maîtrisent les règles de la société si nouvelle pour eux, dans laquelle ils ont été si brutalement transplantés.

Cette situation est une occasion unique et inespérée pour nos jeunes Blancs de mettre en pratique leurs idéaux ; une tâche lourde, mais qui peut devenir exaltante : aider les nouveaux voisins à s'intégrer à leur nouvel univers. Parce que impossible n'est pas français, encore moins soixante-huitard, nos jeunes vont s'atteler à la tâche.

Ils investissent les maisons de quartier et de la culture, expérimentent des dispositifs innovants. Marie-Louise Bonvicini invente les *Femmes du lundi*[191], et le couple Hébert-Suffrin, les Réseaux d'échanges de savoir[192]. Au fil des

---

[191] Marie-Louise Bonvicini, *Immigrer au féminin*, Les Éditions ouvrières, Paris, 1992 : le témoignage d'un groupe de femmes d'un quartier populaire d'Évry sur leur migration et leur parcours d'intégration.
[192] Ce jeune couple d'avocats a créé un dispositif innovant, pour aider les migrants et les personnes défavorisées à s'insérer dans la société grâce à la valorisation de leur savoir-faire. Partant du principe que tout individu a quelque savoir à partager, les échanges incluaient des services, de la formation mais jamais de l'argent. Une personne apprenait à l'autre à faire un couscous et en échange on lui enseignait des rudiments de français ou de cuisine locale.

203

semaines, les expériences se multiplient dans les cités de Grigny, de Corbeil ou d'Évry, qui ne sont pas encore des cités mais de paisibles banlieues qui ne vont cependant pas tarder à devenir des cités. Cette générosité est-elle empreinte de paternalisme! Qu'importe et c'est bien un moindre mal. Certes, on admire les enfants noués dans le dos de leurs mamans, au pays de la poussette; certes on apprécie les costumes chamarrés et les fêtes endiablées. C'est bien le moindre mal – si c'est un mal – dans cet univers où le colonialisme encore récent imprègne et empuantit les rapports raciaux. Qu'importe l'état d'esprit, pourvu que la volonté, les moyens et les motivations soient de qualité. Et ils le sont.

On va apprendre à ces nouveaux voisins les rudiments du modèle culturel français, la langue en premier, les règles de voisinage et de copropriété, l'éducation des enfants. Mais le danger rôde, car la France bien-pensante, la France du mythe du bon sauvage, celle qui admire l'originalité nègre du haut de ses quartiers chics, cette France souvent intellectuelle et de gauche (le vilain pléonasme!) n'est pas bien loin. Elle n'est pas loin, la France de droite et du patronat, celle de l'exploitation. Elles ne sont pas loin, ces France qui gagnent à perpétrer l'image de l'ex-colonisé, noir ou arabe, subalterne-né et éternel sauvage. Il est tout simplement inacceptable que de jeunes rêveurs se mettent dan l'esprit de mettre dans l'esprit de l'autre qu'il peut devenir un bon Français. On ne va pas leur détruire leur belle exposition coloniale permanente. On ne va pas tarir, par l'éducation, ce réservoir permanent du colonisé à portée de la main, pour ethnologues et anthropologues en goguette; cette réserve de main-d'œuvre subalterne héréditaire. *Gens d'ici*, jamais; *gens d'ailleurs*, toujours. Alors la France d'en haut descend dans la cité d'en bas et saborde le travail des doux rêveurs de l'égalité. Saborde les efforts des dangereux promoteurs de la Fraternité.

À ceux qui demandent aux femmes noires et arabes de descendre dans les maisons de quartier pour rencontrer d'autres populations et se former aux modèles locaux, on oppose la logique de la polygamie salvatrice qui permettra le respect des cultures. La deuxième épouse viendra libérer la première de la mortelle solitude et de l'enfermement carcéral du sinistre appartement. Elle n'aura donc plus besoin de descendre, puisque son mari lui aura offert une compagne avec qui elle va parler. Vive donc la polygamie ! À bas les méchantes tentatives d'intégration. À la belle logique égalitariste qui prône que tout un chacun a des connaissances qu'il peut transmettre à l'autre, on oppose le dictat de l'étranger permanent : *gens* jamais *d'ici*, à jamais *gens d'ailleurs*.

Pendant ce temps, Paris continue à se fermer aux migrants et à déverser ses employés subalternes dans les banlieues. On voit de plus en plus de personnes d'origine étrangère, minorités visibles, dans les cités. Leur arrivée draine les fantasmes les plus absurdes, mais aussi des difficultés réelles : de plus en plus d'enfants noirs et basanés concentrés dans certaines écoles, une plus forte demande en aide et suivi sociaux, les angoisses des autochtones devant ce qui apparaît comme une invasion étrangère, l'apparition du syndrome de la sortie des classes[193], la dégradation de l'environnement social, entraînant la baisse de la valeur du bâti, la montée des thèses racistes.

Nos jeunes révolutionnaires sont mis en minorité par le discours pseudo-intellectuel sur le respect de la différence. Certains ont poursuivi leur trajectoire résidentielle et s'en sont allés vers des horizons moins stigmatisés, plus

---

[193] Aujourd'hui, beaucoup de parents, qui veulent déménager, avant même de visiter leur appartement, passent d'abord par la sortie des classes. Si elle est basanée et noire, ils iront voir ailleurs.

conformes à leurs légitimes attentes. D'autres ont eu moins de chance. Coincés par la dépréciation vertigineuse de leur habitat, ils ne peuvent vendre qu'à très fort degré de perte. Beaucoup ne peuvent s'y résoudre à cause du montant du crédit qui reste à payer. Désormais, ils ont honte de leur environnement qui défraie la chronique des faits divers et dont leurs cousins de province parlent avec un rictus de terreur et d'horreur quand ils se retrouvent pour les vacances ou les fêtes familiales. « On a encore vu ton quartier à la télé l'autre soir. Comment fais-tu pour habiter là-bas avec ces gens-là ? ». Au départ, on a essayé de défendre « ces gens-là » avec le seul argument que ce sont quand même des êtres humains, puis petit à petit ça a sonné creux, on n'a plus rien dit et à la fin on a évité les fêtes familiales.

Les enfants des immigrés deviennent des adolescents blacks et beurs, c'est-à-dire, pour la société, délinquants réels, en puissance ou en devenir. Les enfants de nos soixante-huitards, qui ont abandonné depuis belle lurette l'idée de refaire le monde de la banlieue, se barricadent dans leurs chambres après les classes ou leurs cours de piano et de tennis. Une poignée de jeunes Noirs et de jeunes Arabes, extrêmement minoritaires mais oh combien visibles, à cause de leur pigmentation d'ébène, de leur faciès de Fez, et de leur carrure de basketteurs américains, dont les parents n'ont pas été informés qu'un enfant ne sort pas seul dans la rue, traînent jusqu'à des heures tardives, perturbent parfois le voisinage, répondent par la morgue aux regards haineux que l'on pose sur eux. Puis un soir, peut-être de Saint-Sylvestre, c'est le drame.

Le post-soixante-huitard vieilli n'a pu aller en province parce que depuis trop longtemps aucune fête familiale ne s'est déroulée chez lui. Accoudé sur son balcon mélancolique, il fume la dernière cigarette du condamné au coucher précoce en ce soir de réveillon, pense au paradis perdu, quand il rêvait de refaire le monde en illuminant la banlieue de mille feux de joie. Et voilà que soudain, son rêve éteint devient réalité, mais une réalité différente de celle qu'il avait envisagée. En effet, sa banlieue se transforme en brasier. Partout des feux en cette nuit de la Saint-Sylvestre. Et les torches de cet immense feu de tristesse, ce sont des voitures, dont la sienne. Et non loin de sa voiture en feu, la silhouette d'un ou deux gamins; de ces gamins qu'il a vus grandir; de ces gamins de l'âge de ses enfants qu'il a portés dans ses bras comme les siens; ces gamins assurés de l'impunité jusqu'à la majorité, puis de l'inéluctable incarcération; ces gamins qu'on lui a fourvoyés par des discours insipides et racistes qui les ont «pit-bullisés». Il pense à prendre son fusil de chasse. Les autodaferus sont toujours à portée de carabine. Pas besoin d'être un sniper bosniaque ou tchétchène pour atteindre sa cible. Le plus piètre des chasseurs ferait un carton à cette distance, sous cet éclairage et sous cet angle. Et puis il pense au Front National. Et puis, de toutes les façons, ils ont commencé à s'entretuer. À quoi bon risquer la prison?

Cet homme n'a jamais exploité personne. Il n'a jamais été patron de personne, il n'a jamais été à l'origine de l'immigration de main-d'œuvre. Peut-être a-t-il plutôt milité contre le grand Capital! On nous dit souvent que les électeurs de gauche se sont convertis à l'extrémisme de droite, moins par conviction que contre les partis dits traditionnels et républicains qui n'ont rien fait pour eux.

Quand notre homme, dont le discours est devenu fort logiquement excessif sur les méfaits de l'immigration, sur l'invasion des étrangers, se plaint sur la place publique, tout le monde bien-pensant le traite de raciste. Tout ce beau monde politicointellectuel ne comprend pas ou feint de ne pas comprendre que l'on fasse un carton sur un pauvre gamin, à cause d'une voiture volée ou brûlée. Quand le jeune flic paniqué *bavure* sur un adolescent multirécidiviste de banlieue, nul ne comprend que les discours d'un racisme paternaliste et hypocrite qui ont armé la main de ce gamin d'un pistolet ou d'une torche enflammée, sont les mêmes que ceux qui ont fragilisé le jeune flic venu de province qui n'a de cette population que l'image immonde qu'il a vue à la télévision, les soirs d'émeute à la Courneuve ou à Corbeil.

Histoire vécue

Il est des réalités qui dépassent la fiction. Je venais de remettre les épreuves de ce livre à Sophie, mon attachée de presse préférée. Quelques jours après, elle m'appelle en catastrophe. La lecture du présent chapitre lui a fait penser à un reportage[194] de Florence Aubenas qu'elle avait lu récemment dans le supplément *Paris/Obs* du *Nouvel Observateur* du 2 au 8 juin 2005. À la lecture de cet article, je n'ai pu m'empêcher d'enrichir cette analyse du témoignage poignant d'un jeune couple dont l'histoire était étrangement semblable à la fiction que j'avais conçue pour illustrer ce chapitre.

En 1990, Anne et Marco emménagent dans un pavillon qu'ils viennent d'acquérir à Bobigny. Ce jeune couple de gauche a vu du jour au lendemain sa vie empoisonnée et son patrimoine déprécié. Une société HLM a acheté le pavillon voisin, séparé du leur par un simple mur de briques. Dans le cadre de la loi pour le logement des plus démunis, elle y a logé une famille polygame de dix-sept personnes. Le jour où cette famille d'origine soninké est entrée dans ce qui pour elle était un

---

[194] *Nouvel Obs*, supplément *Paris/Obs* du 2 au 8 juin 2005, "Quand les décibels ébranlent les convictions.", p. 12/13.

vrai paradis après une longue errance de squats en usines désaffectées, notre jeune couple – avec un enfant – est entré, lui, en enfer. Anne voudrait conserver ses convictions humanistes. Elle entre en contact avec ses voisins, les aide dans des démarches administratives, ne voudrait pas les rendre responsables de son paradis à elle perdu, appelle les vrais responsables, la mairie et la société HLM, pour qu'ils prévoient une isolation. «Je me refusais à demander aux Traoré de faire moins de bruit. Mais rien ne bougeait côté administration. J'ai commencé à crier *moins fort!* à travers la cloison.»

Un jour, la jeune femme décide de sonner chez ses voisins. Marco essaye de parlementer. Mais il est déjà trop tard. Leur petit enfant commence à dire que les Noirs sont sales. Marco ne supporte plus un de ses collègues antillais. Anne remarque que les Traoré ont deux aides ménagères «blanches». La famille finit par porter plainte pour qu'on demande aux voisins de faire moins de bruit. Pour Monsieur Traoré, «il n'y a aucun problème, ni de bruit, ni de racisme. La dame (Anne) n'aime pas les enfants.» Les petits Traoré surnomment leurs voisins : *la famille Ta gueule.*

«On s'est vus devenir les salauds de la rue. Je comprends comment naît la violence quand on se voit acculé au pire. Il y a cette impression que cela arrangerait tout le monde – la mairie communiste ou les associations –, qu'on finisse par craquer, qu'on dise qu'on n'aime pas les Noirs. Parce que c'est finalement plus simple à gérer que d'admettre que la cohabitation n'est matériellement pas tenable dans ce cas-là. Samedi, Anne ira à la manifestation. «Il faut faire un barrage à Le Pen, lutter contre le racisme. Et je veux me souvenir que c'est vraiment cela que je crois.»

Épilogue tout à fait prévisible

La mairie propose d'acheter le pavillon du jeune couple si le prix est raisonnable. Pour y loger une autre famille comme les Traoré, sans travaux. *Eux, ils ne protesteront pas. On les sort de dessous les ponts.* Adieu rêve de tranquillité et de fraternité interraciale ! Adieu patrimoine, adieu plus-value. Une fois de plus, les institutions auront contribué à semer le venin du racisme, à opposer une partie de la France à une autre. À opposer le Blanc plein d'humanisme au Noir que l'on a déshumanisé. Et de même que notre post-soixante-huitard, le jeune couple n'aura pas d'autre alternative que de vendre à perte ou de se barricader dans les murs et dans la rancœur.

Tous les personnages de cette dramaturgie, le gamin noir incendiaire, le post-soixante-huitard, le jeune policier, la famille Traoré et le jeune couple, tous sont les victimes du même prédateur : la même société institutionnelle – les maîtres du Capital, de la pensée et de l'État – qui hier esclavagisait et colonisait, aujourd'hui évite d'aborder les vraies questions de société. Il est temps que nous volions au secours de ces personnages qui sont condamnés à cohabiter mais dont la cohabitation est un enfer sulfureux. Et tout passe par la pédagogie qui permettra de tordre le cou au Front National, et non par des déclarations aussi stériles que péremptoires.

IX - LA DISCRIMINATION POSITIVE
OU LA POMME DE DISCORDE

> La prise en compte du groupe est un mal
> nécessaire, un Remède triste et brutal qui
> doit solder l'héritage d'un passé où les
> droits étaient différenciés en fonction du
> statut et de la naissance.
> (Gwénaële Calvès)

Les difficultés que rencontrent les Noirs de France couvrent la quasi-totalité des secteurs sociaux, l'emploi, le logement, l'éducation. Jacques Guyard, ancien député maire d'Évry, disait en substance que s'il est possible d'aider les demandeurs d'emploi par des aides financières ou l'illusion d'une occupation sinon d'un emploi, à travers divers dispositifs de chômage plus ou moins déguisé – formations, CES, CEC, emplois associatifs, temps partiels –, en ce qui concerne le logement, il n'y a pas de demi-mesure. On l'a ou on ne l'a pas. Vient ensuite le problème de la qualité de ce logement et de l'environnement social au sein duquel il est implanté.

Plusieurs dispositifs plus ou moins efficaces – POPS, PLH, FSL – ont été expérimentés pour venir en aide aux demandeurs de logement. N'oublions pas les diverses associations qui, parfois avec des procédés barbares, ont été souvent plus efficaces que les assistantes sociales. On peut regretter que ces associations n'aient pas – ou ne se donnent pas – les moyens de discernement et aident pareillement les nécessiteux de bonne foi, victimes des discriminations ou de la logique économique, et des voyous qui exploitent les failles du système pour ne pas payer leur loyer.

Au moins autant, sinon plus que le logement, l'emploi est le fondement du lien social et l'élément essentiel de lutte contre l'exclusion. Je me souviens avec amertume et un brin d'amusement des comportements que mes relations avaient envers moi quand j'étais demandeur d'emploi. En effet, nous appartenons tous à une catégorie sociale, la fameuse CSP, qui est déterminée par l'emploi que nous occupons. Cet emploi devrait être conforme au degré de qualification. À cause du syndrome de l'éboueur, le migrant noir ne correspond pas toujours à cette définition et, à défaut de trouver un emploi correspondant à leur qualification, les personnes de ma génération ont souvent accepté des emplois bien en dessous. Ce qui n'est pas le cas pour les jeunes générations issues de l'immigration.

Le racisme à l'embauche existe et il est pernicieux. Aujourd'hui, il est un homme à qui l'on voudrait faire porter la responsabilité de cette situation. Il s'agit du chef d'entreprise. Le chef d'entreprise, comme tous les citoyens, est le produit de cette société où la discrimination et la déconsidération des minorités visibles sont inscrites dans l'inconscient collectif. Quand on ajoute à cela l'image exécrable produite par les médias, on arrive au seul résultat que l'on peut attendre. On observe des villages de la France profonde, qui n'ont pas un seul étranger, mais votent Front National, parce qu'ils se font une opinion sur l'immigration à travers les reportages déformants de la lucarne télévisuelle.

Parfois, je pense sincèrement que les patrons seraient d'un masochisme suicidaire s'ils faisaient confiance à cette population dont l'image courante que l'on en donne est si peu rassurante. Et comme ce même patron est éduqué à considérer que les minorités visibles sont faites pour des postes spécifiques, il les leur réserve. Le patronat a toujours agi conformément aux courants de son époque. Quand l'État a favorisé l'immigration subalterne, le patronat a embauché abondamment cette manne professionnelle qu'on lui offrait. Il était alors impossible de voir un éboueur blanc, tout simplement parce que personne ne l'aurait embauché même s'il s'était présenté. Les politiques et les intellectuels tirent à boulets fumants sur ces méchants exploiteurs qui ne veulent pas embaucher les minorités visibles. Le politique, avec une hypocrisie inimaginable, oublie qu'en son sein, les minorités sentent bien qu'on leur fait jouer le rôle indigne de celui qui donne bonne conscience. Le patron, pour se donner bonne conscience, endosse le rôle qui n'est pas le sien et essaye de concevoir des dispositifs de lutte contre les discriminations à l'embauche. C'est à ce niveau qu'il est important d'introduire cette nouvelle pomme de discorde que l'on nomme *discrimination positive*.

Un peu d'histoire

C'est au début des années 1980 que l'expression « discrimination positive » apparaît dans le vocabulaire français. Selon la juriste Gwénaële Calvès, « dès 1981, l'important rapport Schwartz avait recommandé d'opérer des *discriminations positives* au profit de trois catégories : les jeunes sans qualification, les jeunes filles et les enfants d'immigrés[195] ».

C'est encore au début des années 1980 que les enfants du regroupement familial, initié au milieu des années 1970, cessent peu à peu d'être des enfants mignons qui suscitent l'admiration extatique et les *oh, qu'il est adorable* des petites vieilles et des travailleuses sociales en tous genres, pour devenir des adolescents grognons au grand désespoir des institutions.

C'est toujours au début des années 1980 que, ceci entraînant cela, cette jeunesse descend dans les rues et ensuite laboure les routes de France en une longue *marche des Beurs*, pour protester contre la montée des comportements discriminatoires. Cette jeunesse qui descend des migrants africains, hommes et femmes occupant des fonctions subalternes, et copieusement inférioriés par la population autochtone, ne veut point hériter de cette situation. Elle le fait savoir bruyamment.

On peut penser que cette évolution ait conduit certaines personnes à rechercher des solutions pour éviter que la situation ne s'envenime. On commence alors à parler, à juste titre, de discrimination positive, et à tort de l'intégration.

Le type de l'approche erronée.

La discrimination positive, parlons-en donc. Le débat prend de l'ampleur. Parfois ça vole haut, souvent ça rampe et Monsieur Amadieu attaque, hostile. « On vous dit : *un candidat de couleur, un homme de cinquante ans ou un handicapé, se heurtent par exemple à une discrimination massive lorsqu'ils candidatent à un emploi.*[196] » Il y en a qui cumulent les trois péchés. Leur cas pourrait paraître désespéré au commun des mortels. Mais Monsieur Amadieu a une solution.

---

[195] Gwénaële Calvès, *op. cit.*, p. 68.
[196] Site Internet *Observatoire du communautarisme* ; entretien avec Jean-François Amadieu, directeur de l'Observatoire des discriminations.

« Il suffit de restaurer dans leur droit ces candidats. »

Il suffisait d'y penser en effet !

Ce qui est étrange et inadmissible, c'est que personne n'y ait pensé avant. Il suffit de le faire. Peut-être suffit-il aussi de le dire tout simplement pour que, comme par enchantement, cela se fasse ! Eh bien, c'est fait, nous l'avons dit, mais rien ne s'est fait. Monsieur Amadieu s'oppose à la discrimination positive parce qu'elle empêcherait « de se demander comment on peut éradiquer les pratiques discriminatoires... alors que cette réflexion servirait les intérêts de tous[197]». Je ne comprends pas que l'on ait attendu le débat sur la discrimination positive pour savoir qu'il faudrait réfléchir sur la façon d'« éradiquer les pratiques discriminatoires ». Comment en est-on arrivé à proposer la discrimination positive sinon à la suite de la réflexion qu'il préconise ? « Enfin, comment imaginer d'engager des politiques d'affirmation des minorités visibles devant la multiplicité des victimes de faits discriminatoires (victimes de l'homophobie, du jeunisme, du racisme, etc.)[198] »

Il est peu sérieux de nier que le débat sur la discrimination positive est né avec l'évolution des discriminations dont sont victimes les minorités dites *visibles*. Les deux espaces de la société qui focalisent ce débat sont l'accès à l'emploi et au logement. Dans ces deux situations, le seul délit dont est coupable le candidat, est inscrit sur son faciès – négroïde ou maghrébin. Je ne sais si cette lisibilité dessert les homosexuels dont les discriminations, qui ne sont pas à nier, sont d'un autre ordre. Je ne sais si leurs pratiques sexuelles sont inscrites sur leur faciès. Tous les homosexuels ne sortent pas de

[197] *Ibid.*
[198] *Ibid.*

La Cage aux folles, voyons! Sur les fiches de demande de logement, on peut trouver la mention « PE» (pas d'étranger) et pas
encore « PHS» (pas d'homosexuel). Quant aux personnes
âgées, je ne sais si les testings les plus pointus ont réussi à
établir qu'ils sont victimes de la ségrégation à l'accès au
logement. En ce qui concerne les problèmes à l'embauche,
leurs difficultés sont conjoncturelles, et essentiellement,
sinon exclusivement, liées à la montée du chômage, non à
un rejet structurel de type racial. Elles sont les effets pervers
des incitations financières à l'embauche des jeunes. De
même, c'est le fort taux de chômage et la sélectivité qui en
découle – exigence d'expérience professionnelle – qui fragilisent l'embauche des jeunes blancs sans expérience. Ce ne
sont pas les effets d'une discrimination structurelle, culturelle, comme c'est le cas pour les jeunes Noirs et Beurs.

Une contribution magistrale

Mesdames Calvès et Le Pourhiet abordent la problématique
de la discrimination positive avec une grande pertinence.

À « *Une analyse critique de la discrimination positive* » publiée
par Anne-Marie Le Pourhiet, répond « *Une analyse **vraiment** critique de la discrimination positive* » de Gwénaële Calvès. On
pourrait ironiser sur le titre de l'article de presse de Madame
Calvès et dire que le débat a connu une avancée exponentielle
avec le salutaire adverbe de manière qui différencie les titres des
deux articles. Les victimes des discriminations, si elles lisent ces
articles, ne mourront pas idiotes. Elles auront appris l'importance des adverbes dans la linguistique indo-européenne.

Il est très intéressant d'analyser les positions que ces deux
juristes ont prises dans les colonnes de la même presse. En
oubliant le véritable crêpage de chignons littéraire auquel se
livre Madame Calvès, on découvre que l'on est au cœur de

cette guerre aussi civile qu'absurde qu'impose le dogmatisme idéologique, entre la droite conservatrice et la gauche intello-altermondialiste. Aucune cause ne semble permettre l'éclosion d'une union nationale, d'un consensus, fût-il mollasson, qui à mon avis est parfois plus productif – comme ce serait le cas pour le sujet qui nous intéresse – que la prise d'armes idéologique. Que nous disent donc ces amazones ?

Madame Le Pourhiet relève tous les pièges et tous les risques qu'il faut éviter à propos de la discrimination positive. Ce qui est évidemment une excellente chose. Ensuite elle les érige comme la règle et nous dit qu'il est urgent de ne rien faire, que la discrimination positive – la DP comme elle dit (donnant à ce dispositif un sigle rébarbatif qui fait penser à la drogue ou à la police) –, est une mauvaise idée, qu'il est fatal que le statu quo soit respecté. Proposition inacceptable pour ce jeune diplômé qui a rempli sa part de contrat citoyen en allant sagement à l'école et que l'on retient aux portes de l'entreprise et de son avenir, parce que son nom a une consonance ou que son faciès a une dissonance. Mais il est tout aussi évident que l'éloge de la différence, les fantasmes sur le respect des cultures d'origine, sans que l'on puisse définir la réalité desdites cultures, ont causé un retard considérable à l'intégration citoyenne des minorités visibles. Aujourd'hui, on ne saurait poursuivre dans le sens de ces générosités naïves sinon perverses, en omettant « de mesurer les effets pervers des doctrines multiculturalistes qui, à force de discréditer l'assimilation, d'inciter à cultiver la différence et à refuser les codes dominants, quand ce n'est pas de légitimer ouvertement la violence et la délinquance, finissent par créer une méfiance diffuse que l'on qualifie à tort de racisme puisque ce ne sont pas la race et l'origine qui sont en cause, mais les attitudes et les comportements[199] ».

---

[199] Anne-Marie Le Pourhiet, in *Pour une analyse de la discrimination positive*, journal *Le Débat*.

Analysons ce passage du texte de Madame Le Pourhiet. L'éloge de la différence a, nous l'avons dit, plombé les légitimes aspirations à l'intégration des populations immigrées d'origine africaine. En effet, on a tellement discrédité l'intégration que le Noir se sent coupable envers ses amis blancs et ses frères noirs quand il dit qu'il est français. Avant de le dire, il regarde à gauche et à droite pour voir s'il n'est pas observé. Sinon, il se perdra dans des périphrases et autres contorsions stylistiques pour vous dire qu'il est togolais de France ou vivant en France, ou qu'il est bakoko-camerounais d'Orléans. Aujourd'hui, les enfants sont devenus *blacks* et certains se réclament de plus en plus de nationalités africaines, quand ce n'est pas de l'Afrique tout simplement. Le discours paternaliste de leurs amis les a maintenus dans une espèce de France-bis dans laquelle ils pouvaient végéter, en marge des réalités sociales et économiques du pays. Les pères occupaient des boulots subalternes, ils pouvaient conserver les us et coutumes de leurs pays d'origine. La polygamie était autorisée et il a fallu l'acharnement salutaire des groupes de femmes pour que l'on accepte de regarder les atrocités que l'on laissait commettre sur des gamines françaises – mutilations sexuelles, mariages forcés – au nom du dogme irresponsable et discriminatoire du respect des cultures.

Il est évident que la pseudo-tolérance qui a souvent accompagné les débats sur l'errance des enfants français noirs et arabes était intolérable de naïveté ou de mesquinerie. Quand ces enfants traînent dehors à des heures tardives ou dans les lieux qu'ils ne devraient pas fréquenter seuls, sans un adulte - centres commerciaux, parcs, transports en commun et autres lieux publics – on vous brandit des explications irresponsables et superficielles : « S'ils traînent dans la rue, c'est parce que leurs parents sont au chômage, c'est parce que leurs parents travaillent dur. » On n'était pas loin de la légitimation de la violence et de la délinquance quand on trouvait toutes ces bonnes raisons. Nul n'a pensé que l'on puisse exhorter le chômeur à mettre à profit ce temps libre imposé pour accomplir la noble tâche de s'occuper de ses enfants. Nul ne pense à comparer l'ardeur de leur besogne, pour ceux qui travaillent, à celle du marin pêcheur breton qui passe des jours et des semaines en mer et dont l'enfant ne traîne pas dans les rues de Brest, mille tonnerres!

L'erreur de Madame Le Pourhiet vient du fait qu'elle pense que l'incitation à la différence et la légitimation de la violence sont des générations spontanées ou des grigris tirés de la besace d'un marabout de Barbès. Elle pense que ce ne sont ni la race ni les origines qui sont en cause dans la discrimination dont seront victimes ces communautés. C'est justement la race et l'origine qui sont en cause, parce que ce sont ces éléments qui ont été pris en compte dans les comportements des acteurs de la société qui ont autorisé l'errance porteuse de délinquance, la polygamie et bien d'autres comportements culturels inadaptés à la France. C'est justement la prise en compte de la race et de l'origine qui a généré « les effets pervers des doctrines multicul-turalistes ». Je me souviens de cet enseignant qui m'avouait que ce qu'il exige d'un gamin d'origine roumaine, il ne le demande pas à un petit Malien parce qu'il ne doit rien au Roumain. Le sanglot de l'homme blanc, la culpabilité en héritage.

Madame Calvès, quant à elle, semble nier le fait que les comportements d'une certaine jeunesse, et encore plus l'image médiatique qui en est tirée, influenceront très forte-ment l'attitude des recruteurs. Je me souviens de ce reportage à la suite d'un meurtre commis par un jeune Noir sur un jeune Turc, dans le centre commercial de la ville nouvelle d'Évry. Il s'ensuivit un reportage télévisé qui présentait l'enfer sur terre avec sa jeunesse diabolique et zombiesque. Ce reportage était repris en boucle tous les six mois, comme si c'était un fait nouveau, laissant planer sur la ville et l'agglomération tout entière, une suspicion de zone infréquentable. Le plus dévoué des patrons, le plus masochiste des chefs d'entreprise, auraient eu beaucoup de difficulté à faire confiance à un jeune demandeur d'emploi venant de ce secteur ou ayant un faciès proche de ceux du reportage. Le député-maire Manuel Valls a dû monter au créneau pour que cesse ce voyeurisme macabre. Je me souviens, avec une amertume plus grande encore, de ces jeunes de banlieue, imberbes comme la paume de leurs mains, qui s'étaient retrouvés affublés de barbes d'intégristes musulmans sur un reportage télé. On leur avait tout simplement ajouté des barbes à l'image, pour présenter les ravages de l'islamisme chez les jeunes des cités.

La discrimination se nourrit donc autant du syndrome de l'éboueur, hérédité des tâches subalternes pour l'immigré, que de cette image de délinquant qui colle aux enfants issus de ce lignage. Le summum de la fausse bonne idée est ce reportage misérabiliste qui vous présente souvent un diplômé de banlieue au chômage, comme *s'il était le seul diplômé de ce coin oublié d'Allah*, alors qu'à la vérité, des bac + 5 de banlieue se ramassent à la pelleteuse. En plus, toujours la même conclusion misérabiliste, fausse et perfide : malgré son effort épique, le pauvre est au chômage, bien évidemment, victime des méchants patrons ; alors qu'un reportage sur les bac + 5 de banlieue qui travaillent serait plus pédagogique.

En ajoutant les réserves de Madame Le Pourhiet à la pertinente approche de Madame Calvès, on arrive à un regard assez précis et tout aussi appréciable et même salutaire, sur le dispositif que l'on nomme *discrimination positive*.

Une définition excellente

Madame Calvès a entièrement raison. « La notion d'*affir-mative action* est à vrai dire, dans son acception originelle, dénuée de tout contenu spécifique : elle signale simplement (dans ses usages extra-judiciaires) la volonté d'agir plutôt que d'attendre et de voir venir. Elle ne désigne rien d'autre qu'une démarche volontariste, une recherche active des solutions concrètes à des problèmes dont il est illusoire d'attendre qu'ils se résolvent d'eux-mêmes. Il s'agit... d'user activement des ins-truments et compétences exécutives au lieu d'attendre passi-vement que les lois de l'économie réalisent les objectifs gou-vernementaux.[200] »

Cette définition est merveilleuse. Elle prône l'émergence d'une philosophie, d'un état d'esprit porteur d'une réelle volonté de faire bouger les choses. Nous devons sortir de l'illu-sion des forces positives de l'intégration républicaine, qui agi-raient avec le temps et viendraient à bout des égoïsmes et de la bêtise humains.

Un soir, à la gare d'Évry, un jeune homme, pas encore trente ans, peut-être même pas vingt-cinq, m'aborde. L'effet « Vu à la télé ». Au cours de notre entretien, j'apprends qu'il est professeur d'Economie à l'université d'Évry. Dans notre France actuelle, aucun individu d'aucune race n'aurait ima-giné que ce jeune homme fût enseignant à l'université. Évi-demment, ceci n'était pas écrit sur son front et un jeune Blanc de son âge n'aurait pas suscité cet a priori positif. Par contre, si cette fonction n'est inscrite sur aucun front, sur celui du jeune Noir, il est inscrit « vigile » ou « suspect ». La discrimina-tion positive doit donc faire évoluer les mentalités, afin qu'ad-vienne le jour où un jeune Français sera jugé non à partir d'un

---

[200] Gwénaële Calvès, *in* "Pour une analyse vraiment critique de la discrimination positive", journal *Le Débat*.

a priori, mais à la suite d'un contact qui permettra de le classifier. C'est en cela que la définition ci-dessus a du sens, dans la mesure où elle prône l'émergence d'un état d'esprit. Et cet état d'esprit ne se décrète pas. Il est atteint grâce à un long processus pédagogique.

Le seul fait que la discrimination positive soit d'émanation américaine, devrait nous faire réfléchir. Le premier réflexe de notre anti-américanisme français est de la rejeter. Rien de bien ne peut venir de ces gens-là chez qui le dollar tient lieu d'horizon philosophique. L'Amérique, disait quelqu'un, est passée de la barbarie à la décadence sans connaître la civilisation. Après s'être fait plaisir avec cet axiome de la perfidie américaine, il est bon de s'attarder sur le pragmatisme des Yankees. Comment les Américains gorgés de racisme diabolique ont-ils jugé utile de promouvoir les Noirs (car c'est des Noirs qu'il s'agit plus que de tout autre groupe, ne poussons pas la naïveté jusqu'à penser le contraire)? Tout en restant fortement ancrés dans une logique de racialisation des relations sociales – touche pas à ma femme et ne viens pas loger près de moi – pourquoi ont-ils jugé indispensable de promouvoir le Noir sur l'espace public? Les revendications pour les droits civiques, la radicalisation de la pensée noire-américaine sur les discriminations et la demande de certains de ses leaders de la création d'un État noir, tous ces signes, et l'Amérique l'a compris, étaient avant-coureurs d'une guerre civile raciale qui allait faire de gros dégâts. Alors on s'est dit qu'il était urgent « d'agir plutôt que d'attendre et de voir venir ».

État des lieux en France

Quelle est la situation française et pourquoi doit-on se donner les moyens et un cadre d'action? Madame Calvès nous le dit clairement : « Dans un pays où l'évocation des inégalités imputables au sexe ou à l'origine suscitait au mieux, une approbation polie (dans le cas des femmes) et se heurtait traditionnellement (dans le second cas) à l'invocation vertueuse d'un modèle républicain supposé garant – à terme – de l'égalité des chances, il convenait au préalable de reconnaître officiellement l'existence même du problème.[201] »

Quand on crée des quotas pour les personnes handicapées, quand on légifère pour que 50 % des femmes se trouvent sur les listes aux élections, quand on crée des zones franches ou des zones d'éducation prioritaire, qu'est-ce qu'on fait si ce n'est de la discrimination positive ?

C'est en ces termes que, cités par Gwénaële Calvès dans le *Que sais-je*[202] qu'elle a consacré à ce sujet, que Monsieur Nicolas Sarkozy, alors ministre de l'Intérieur, lançait le débat sur la discrimination positive en France. L'étape de *reconnaissance officielle de l'existence d'un problème racial*, que préconise Madame Calvès comme préalable à toute action, cette étape est franchie.

Nous sommes en 2003. Le constat se fait de plus en plus pressant qu'une partie de la population française, aujourd'hui appelée *minorités visibles*, devient soudain invisible quand elle se confronte à l'accès à l'emploi ou au logement. Les difficultés qu'elle rencontre ne sont pas dues à des problèmes économiques, mais au délit de faciès. Ce constat fait, il convient de trouver des solutions pour remédier à cette injustice. Va-t-on continuer à faire aveuglément confiance au dogme de l'automaticité de l'intégration républicaine, dont on nous dit qu'elle a toujours réussi à faire entrer les courants migratoires dans le

---

[201] *Ibid.*
[202] Gwénaële Calvès, *op. cit.*

main stream français dès la deuxième génération, quand leur visibilité – ici généralement caractérisée par une maîtrise approximative de la langue française et un accent indubitablement étranger – disparaît ? Va-t-on faire semblant de croire que la coriace visibilité physique des nouveaux migrants – mélaninée ou basanée – va disparaître dès la deuxième génération ? N'est-il pas urgent de reconnaître que cette situation est nouvelle et qu'il convient de lui trouver des solutions adaptées ?

Dans un premier temps, tout porte à penser que si le constat est globalement partagé, les solutions restent à trouver. Les propositions des uns – un préfet musulman, le CV anonyme – et les réticences des autres à étudier l'application, sinon l'adaptabilité de la discrimination positive à la situation française, montrent à quel point le chemin à parcourir reste long et périlleux, parce que c'est un chemin pavé d'ignorance, d'analyses sommaires ou de positionnements stratégiques, politiciens.

Quelles que soient les raisons qui poussent le ministre de l'Intérieur à brandir la solution surprenante du préfet musulman, provocation gratuite, inconsciente ou interpellative, analyse électoraliste et concomitant appel du pied au vote musulman, le résultat est le même. Peut-être le Ministre n'en est-il pas conscient, mais il nous ramène à l'ère coloniale et au syndrome de l'évolué[203]. Rappelons ici que les revendications des minorités hindouistes, animistes, kimbanguistes, bouddhistes, shintoïstes, judaïques (et en cherchant bien, on trouvera forcément un ou deux Falashas en France), vaudouistes, pour la nomination d'au moins un sous-préfet confessionnel au sein de leur communauté religieuse, seraient parfaitement audibles.

---

[203] L'évolué c'est l'indigène au destin exceptionnel, qui est jugé apte par le maître à devenir son supplétif, son représentant au sein de ses frères ou de ses coreligionnaires.

Quant au curriculum vitae anonyme, il est révélateur de l'impossibilité des décideurs à réfléchir à long terme. Il est révélateur du recours à des solutions simplistes, sinon démagogiques et en l'occurrence injurieuses. Comment peut-on avoir la naïveté d'imaginer que le patron qui a mis le CV à la poubelle à cause de l'origine visible sur la photo ou perceptible à travers le nom, oubliera ses réticences ataviques à la vue d'un ébénique ou basané candidat ? Comment imaginer que de la centaine de candidats au poste – on dira soixante Blancs, Vingt Asiatiques, dix Noirs et dix Arabes –, les représentants des deux minorités les plus discriminées auront soudain plus de chance ? Dans le meilleur des cas, le patron qui essaye de se débarrasser de ses penchants ségrégatifs, exigera d'eux un effort plus important qu'aux autres, pour les embaucher. On peut aussi penser que le patron soit assez mauvais pour les embaucher par pitié, au détriment de la rentabilité.

Il est évident que nous ne mettons nullement en doute la bonne volonté des concepteurs de l'idée du CV anonyme. Mais, on peut toujours espérer que cette ruse de chasseur pygmée, cette finesse d'attrapeur de serpents marocain, ce stratagème des Vercingétorix de l'antiracisme, ait des effets positifs pour l'embauche des minorités visibles. On peut penser qu'il donne une chance au candidat d'être au moins convoqué pour un entretien. Le mot est lâché : une chance, une faveur, et non un droit. Seule la pédagogie – et donc le temps – nous permettra de sortir des notions de chance et de faveur pour intégrer celles de droit et de mérite.

Nous pouvons imaginer que certains patrons embaucheurs, pris au piège implacable du CV anonyme, battent honteusement leur coulpe discriminante, se convertissent brusquement au cours de l'entretien d'embauche en de parfaits égalitaristes, et oublient, comme par enchantement, toute cette charge subjective, ce formatage social, qui ont fait qu'*inconsciemment*, ils sont dans le complexe de supériorité du Blanc sur l'ancien colonisé « de couleur » et le relèguent à des emplois spécifiques. À ce propos, je ne connais pas un Blanc, quelque balaise qu'il soit, qui batte un Noir freluquet à l'embauche d'un vigile de supérette ED ou LIDL de banlieue. Devrai-je en rire ! Souvent quand je vois certains vigiles pas plus grands que Popeye ou Astérix, je me demande pourquoi ils ont été sélectionnés pour ce travail. Auraient-ils eux aussi un secret comme les épinards ou la potion magique de nos deux demi-portions de héros ? En effet, ils en ont un : ils sont noirs.

On peut aussi pousser la logique de l'anonymat jusqu'à imposer l'entretien d'embauche en chambre... noire. Il va sans dire – mais je le dirai quand même –, que ceux dont la locution française plus ou moins académique est encore affublée d'un accent imprégné du martèlement bantou, de la musicalité caribéenne, du tintinnabulement Soninko-Bamabara ou des croassements ouediens, devront s'en débarrasser à la Diogène ou avec toute autre méthode de leur choix, ou alors s'abstenir. Parce que même dans l'obscurité, on les *verra* comme sous des projecteurs. Si l'on se rend compte que malgré le CV anonyme, le taux d'embauche des minorités visibles reste lamentablement en deçà des moyennes espérées, on peut éliminer l'entretien et passer directement à l'embauche anonyme, au télétravail généralisé, au bulletin de salaire anonyme. Le CV anonyme et toute autre démarche incluant l'anonymat sont injurieux et ne font pas évoluer le débat, puisque la minorité visible reste imprésentable. Et ça, c'est inacceptable dans une république égalitaire et fraternaliste.

Le CV anonyme peut-il être considéré comme un pis-aller transitoire ? Admettons et poursuivons la réflexion. Ci-après, quelques situations qui alimenteront le débat. Quand j'étais étudiant, une amie et moi avions mis au point un stratagème infaillible pour m'aider à décrocher les stages indispensables à la validation du cursus. Notre plan se composait de trois étapes. Mon amie et moi, nous sélectionnions un certain nombre de structures auxquelles nous envoyions les mêmes demandes de stage. Elle ne faisait pas carton plein de réponses positives, et moi je faisais toujours carton plein de regrets expéditifs, même pas attristés. Elle choisissait alors un stage parmi les multiples offres qu'elle avait reçues. Ensuite, elle, vêtue d'un tailleur sobre et d'une témérité époustou-flante, et moi de mon costume des nuits blacks et du sourire carnassier de mes dents très blanches à l'époque, nous allions à l'assaut des autres structures à réponse positive. Nous entrions dans le bureau du responsable et je ressortais avec mon stage, en laissant un responsable sonné par le plai-doyer de mon amie contre les discriminations.

Ingrid est une jeune Antillaise qui vient de terminer un mastère en communication. De sa promotion, elle est l'une des rares encore en quête d'emploi. Non qu'elle n'ait pas reçu des propositions d'entretien. On peut penser que son nom européen y est pour quelque chose. C'est en quelque sorte son CV anonyme à elle. Car pour les Mamadou Coulibaly, les Fanta Gory et autres Mouloud Fergani, la question se pose autrement. Chaque fois que la jeune fille se présente à l'en-tretien, le patron lui parle des doudous, de rhum et de ses vacances dans son «beau pays», sans oublier sa sœur qui a épousé un Sénégalais (quel rapport entre un Sénégalais et une Antillaise, entre les amours de sa sœur et la demande d'emploi d'Ingrid?), car dans la famille, on accepte tout le monde. Ensuite elle passe tout son temps à essayer de rame-ner la conversation sur le sujet du rendez-vous, c'est-à-dire ses compétences et l'embauche, jusqu'à ce qu'on lui promette qu'on va la recontacter. Pour parler de doudou et de rhum ! Certainement.

Aujourd'hui, après plusieurs expériences de ce type, beaucoup de jeunes Noirs y vont au culot. D'entrée de jeu, ils attaquent. Souvent même avant de s'aseoir, ils servent leur petit discours au patron. « Monsieur, disent-ils en substance, j'ai réussi à décrocher quelques entretiens, mais c'est toujours la même chose. Les questions qu'on me pose ont plus trait à mes origines qu'à la raison de ma présence. Si vous avez quelques difficultés avec les hommes de ma couleur, soyons clairs là-dessus, car j'imagine que vous n'avez pas envie de perdre du temps, moi non plus. Je ne vous connais pas, vous ne me connaissez pas, nous avons très peu de chance de nous rencontrer à nouveau. Je ne pourrais donc même pas vous en vouloir. » Cette témérité a souvent ébranlé des patrons.

Je me souviens du courriel de cette jeune Française noire qui occupait un bon poste de travail en Angleterre. La lecture de mon livre, m'écrivait-elle, lui avait laissé un sentiment mitigé. Elle se sentait très mal à l'aise que, du point de vue de l'emploi, nous soyons encore en France à ce point du débat. Elle poursuivait en disant : « J'occupe en Angleterre un bon poste correspondant à mes compétences. Je pense sincèrement que ma couleur de peau noire y a été pour quelque chose. Ici, les entreprises qui présentent un personnel d'encadrement multiracial, sont bien vues. Il y a même un trophée pour cela. » En France, nous n'avons pas plus de médailles pour ce genre de patron que de pétrole. Mais nous avons des idées de testing pour diaboliser.

À côté des efforts parfois maladroits des tenants de la discrimination positive, il y a les opposants. Écartons rapidement – il y a beaucoup à faire pour qu'on s'y intéresse longuement –

les contorsions politiciennes de Paul qui, les yeux fixés sur la barre des échéances électorales, n'en veut pas parce que c'est Pierre qui a fait la proposition. Évacuons les craintes de ceux qui pensent que l'on attribuera les postes nobles au faciès et non au mérite ; que chaque Arabe et chaque Noir embauchés seront toujours suspects d'être des discriminés positifs ; que dans cette répartition, l'éboueur sera invité à occuper le poste de prof de maths, pour remplir les quotas. Tout est possible et les adversaires de la discrimination positive pourraient bien user de cette perfidie pour discréditer le dispositif. «Vous voyez, ces gens-là sont incompétents. J'ai bien voulu en prendre un. Il m'a tout foutu en l'air.»

Il y a aussi ceux qui pensent à juste titre que la discrimination – accorder un avantage à l'un au détriment de l'autre – ne peut en aucune façon être positive. Et c'est ici que la terminologie revêt toute son importance. Elle dévoile – sinon dénonce – le mécanisme qui édulcore pour faire accepter ou diabolise pour inspirer le rejet. Dans mon précédent livre, je parlais de ces édulcorations terminologiques qui font passer du *Nègre* au *Noir*, du *Noir* à *l'homme de couleur*, ensuite, au *Black*, au *Kebla* et au *Renoi*. Si le dernier terme en liste paraît un moment plus acceptable, la problématique qu'il cache reste entière. Et parce que la problématique n'évolue pas, quelques années après le terme acceptable ne l'est plus du tout et il faut le changer. Je pense avec un rictus amusé au jour où de l'anglais, nous passerons à l'espagnol devenu première langue des USA, nation symbolique des enfants noirs de France. Alors du *Black*, nous reviendrons au bon vieux *Négro* de nos grands pères. Mais puisque très vite, ce terme deviendra péjoratif, on aura alors comme aujourd'hui, recours au verlan et le *Négro* deviendra *Groné*. Je n'ose même pas penser à la tête de mes concitoyens, quand ils devront dire *groné*, en lorgnant du côté des larges pifs anthracites des mélanodermes.

C'est ainsi qu'a été inventé cet oxymoron de la discorde – discrimination positive –, cette juxtaposition des opposés ; l'expression est arrivée dans le paysage sociopolitique français au moment où la pratique sociale qu'elle désignait était *non grata* dans la conception républicaine égalitariste. La France n'acceptait pas la notion de groupe, de communauté, tous les individus étant égaux en droit. Les systèmes anglo-saxons, avec leurs ghettos, leur apartheid socio-spatial, paraissaient aux antipodes de la vertu française. Depuis, l'eau a coulé sous les ponts qui essaient de relier toutes les races qui composent la France d'aujourd'hui. Nous avons été acculés à regarder cette nouvelle réalité multiraciale en face, à admettre qu'elle pose problème, que les ghettos se dressent aux confins miséreux de nos cités, que de petits basanés et mélaninés sont orientés vers les versants inhospitaliers d'une francité de (seconde) zone, que nous risquions d'être très vite plus perfides qu'Albion. Nous avons donc compris qu'il fallait, en tenant compte des spécificités historiques – les origines des nouveaux migrants et leurs rapports passés avec la société française – et sociolo-giques – la France n'est pas terre d'apartheid, d'esclavage ou de castes – rechercher rapidement des solutions vers les précur-seurs de l'*action affirmative* ou *positive*. Que sont les États-Unis d'Amérique, l'Inde ou encore l'Afrique du Sud.

Quelques pays où la discrimination positive est appliquée

Une chose est certaine. Aux États-Unis comme en Afrique du Sud ou en France, derrière les prétextes faussement objectifs, les ennemis de la discrimination positive cachent difficilement leur unique angoisse : *la peur de perdre les privilèges liés à des motifs irrationnels innés, comme la couleur de la peau ou les castes.*

Les Américains, les Indiens et les Sud-Africains sont des peuples où les discriminations sont institutionnelles. Aux États-Unis, cette institutionnalisation est due à l'esclavage des Noirs et à la place qui a été réservée à ceux-ci dans le paysage social américain. En Afrique du Sud, c'était l'apartheid – évolution séparée des races – et en Inde, le système des castes codifiait la société et conduisait à une évolution séparée des groupes, système comparable à l'apartheid. Même si en France l'institutionnalisation de la discrimination existe bien dans les faits – et non dans le droit comme dans les pays cités plus haut – les situations diffèrent sensiblement.

Le Brésil présente un cas intermédiaire, dont certains points se rapprochent de la problématique négro-française. Dans un article intitulé « Noirs, Blancs, inégalité, fraternité », L'Express du 21 mars 2005, qui consacre soixante-quinze pages au Brésil, parle du racisme anti-noir dans ce pays où « la question raciale est camouflée depuis tellement longtemps que les Noirs eux-mêmes ont mis une éternité à comprendre les injustices dont ils étaient l'objet ». La situation brésilienne, terre dont le métissage a été chanté sur tous les tons, est sensiblement proche de celle de la France, où la réalité raciale était tout simplement niée, sous le couvert de l'égalité et de la fraternité républicaines. À la différence des autres pays discriminatoires, au Brésil comme en France, le racisme n'est pas institutionnalisé. Au Brésil tout comme en France, rien n'est interdit *aux Noirs et aux chiens*. Mais au Brésil comme en France, « l'un des principaux obstacles à l'émancipation des Noirs est d'ordre psychologique », les deux camps étant coincés dans leurs atavismes et leurs complexes respectifs. Au Brésil comme en France « leur image (les Noirs) à la télé ne les aide guère... Cette situation ne correspond à aucune consigne écrite ». Alors, le Brésil depuis une dizaine d'années a mis en place le dispositif de la discrimination positive, allant jusqu'à appliquer des quotas dans la fonction publique et les universités, parce que c'est encore le seul dispositif qui permette un certain rééquilibrage en faveur des victimes de la discrimination. Sinon, quel autre dispositif, quelle autre solution, à part l'immobilisme et les *y a qu'à* de certains rêveurs qui sont d'autant plus confiants qu'ils ne sont pas des victimes ?

Nous constatons donc que tous les pays qui, comme la France, ont fait le constat des discriminations raciales, ont mis en place la discrimination positive. Comment la France pourrait-elle alors continuer à ignorer ce dispositif sans persévérer dans un angélisme coupable ou tomber dans la démagogie ?

La spécificité de la situation française réside dans un élément essentiel. Dans les autres pays à l'exception du Brésil, l'institutionnalisation de droit des discriminations « négatives » s'accompagne d'une imperméabilité totale des frontières entre différents groupes. Les mariages intergroupes étaient interdits et les simples rapports sexuels pouvaient être sanctionnés par la condamnation à mort du subalterne contrevenant. La fréquentation des transports en commun et des espaces de socialisation, d'éducation, de sport, de divertissement – écoles, stades, bistrots, églises – s'organisaient sur la base raciale. Même la fin des discriminations institutionnalisées n'a pas sonné le glas du tabou des mariages mixtes. Et sa transgression devient souvent le premier acte de bravoure de l'ancien dominé. Les exemples tirés du cinéma américain illustrent cette situation de manière caricaturale.

Dans le film *Devine qui vient dîner*, chef-d'œuvre du plaidoyer contre le racisme, le fiancé sémillant et éperdu d'amour n'embrasse pas une seule fois sa dulcinée, parce qu'il est noir et elle blanche. Il est vrai que nous assistons, comme dans le théâtre classique français, à un respect assez rigoureux de la règle des trois unités. En effet, presque *en un seul lieu*, et *en un seul jour, un seul fait accompli, tient jusqu'à la fin* le spectateur ravi. Oui mais en un jour, même dans la maison des parents de leur bien-aimée, Rodrigue ou Curiace auraient étouffé Chimène ou la fille des Horace dans des étreintes enflammées. Ici, pas le moindre bécot volé, à peine un effleurement des mains. Par contre, quand apparaît l'intrépide Shaft dans le film *Shaft et les trafiquants d'hommes*, l'occasion est trop belle pour être ratée.

En effet, la filmographie de Shaft représente ce moment de la lutte pour les droits civiques où le Noir américain décide de s'émanciper en déclarant la guerre à l'ancien maître. Le Noir décide de se créer des héros symboliques dans cette lutte qui l'oppose au Blanc. Et Shaft, c'est le Noir fort en muscles à la dégaine stéréotypée de l'invincible cow-boy/shérif et de son successeur le détective privé, personnages qui restaient encore l'espace interdit aux Noirs. Ainsi, dans sa course héroïque et victorieuse – le shérif ne meurt jamais – qui l'oppose au Blanc pour sauver ses frères noirs, Shaft, John de son prénom, trouvera temps et moyen, sans rien faire d'autre qu'être Shaft, de faire craquer la belle et jeune maîtresse – il est vrai, quelque peu nymphomane – du chef des méchants. Après moult suppliques voluptueuses de celle-ci, il condescendra à lui faire grâce d'une couchaillerie, bien sûr comme aucun Blanc n'en est capable. Et la dame comblée, comme dans tous les *bons* films, lui offrira sa vie en acceptant d'aller au premier ciel pour sauver celui qui l'a fait monter au septième du nom.

En France, les frontières raciales sont tellement perméables qu'aujourd'hui, une union sur trois, nous dit-on, est mixte. L'été venu, les couples dominos investissent les rues et les plages et on voit souvent se suspendre, au bras d'un noir mari, des belles caucasiennes (ou vice-versa), sans que cela

233

cause des torticolis, des attroupements, des émeutes ou des lynchages dans les rues de France, même si cela fait parfois jaser dans les Caraïbes. En France, aucun espace n'est interdit aux Noirs et aux chiens, ni aux Noirs et aux Arabes, encore moins aux Noirs et pas aux chiens, même si certains tenanciers de boîtes de jour (les entreprises) et de nuit essayent de déroger à la règle. En France, la subordination des minorités n'est pas héréditaire (comme c'était le cas pour l'esclavage, l'apartheid ou les castes) et les jeunes se donnent les moyens de le faire comprendre et le faire accepter bon gré, mal gré. En France, la durée des discriminations n'est pas séculaire. Elle est plus courte que dans les autres pays et l'on peut donc espérer que, conscience prise, leur éradication pourra se faire assez rapidement.

Une certaine approche pessimiste s'entête à juger mitigés, ou tout simplement négatifs, les résultats des politiques de discrimination positive. Mais je pense que le constat est mal fait. La question qu'il convient de se poser c'est de savoir *ce qui se serait passé aux Etats-Unis sans la discrimination positive.* Question subsidiaire, quel autre dispositif aurait-on pu mettre en place ? Nous choisissons les Etats-Unis qui vont désormais servir de base à notre approche comparative.

Le modèle américain et la France

La discrimination positive a obtenu des résultats fort appréciables dans les domaines institutionnels. Faisons un peu d'histoire. Aux pays d'Uncle Sam, le Noir s'était vu imposer un régime d'oppression particulièrement long, qui a couru sur plusieurs siècles. Aux États-Unis, on accédait à la condition de discriminé par la naissance et on n'en sortait que par la mort. Dans les années 1960, l'Oncle Sam est au bord de la guerre civile entre les Noirs et les Blancs. Le combat que les Noirs ont initié pour les droits civiques, arrive à son apogée. Noirs et Blancs s'affrontent, chacun avec ses moyens.

Il fut un temps où le rêve du retour en Afrique faisait rire sous cape l'Amérique blanche devant l'égarement idéologico-affectif des Noirs qui se représentaient une Afrique Terre promise. On les a encouragés à persévérer, on les a aidés à réaliser leur rêve, on a affrété des bateaux. On a applaudi le sentimentalisme de ces grands enfants américains qui cédaient si généreusement leur part de gâteau, une fois achevée leur tâche naturelle d'esclaves. Aujourd'hui, le rêve du retour est remplacé par le rêve luthérien d'une Amérique dont les montagnes et les vallées de la discorde, de la discrimination, de la récrimination et de la haine, seront aplanies, même si une partie de l'Amérique noire, incarnée par Malcolm X, raillera longtemps la naïveté du pasteur noir en disant que, pour le Noir, il n'y a pas de rêve américain, il y a plutôt le cauchemar américain.

Aujourd'hui, on peut parler de la réussite du rêve américain pour les Noirs, et faute de mieux, faute de croire que c'est l'action du Saint-Esprit qui a permis l'évolution de la situation, et en attendant que l'on nous prouve *réellement* le contraire, on peut attribuer ce succès non négligeable à la lutte pour les droits civiques et au dispositif qui en a résulté, la discrimination positive.

Aux États-Unis, de façon institutionnelle, « les destins individuels étaient totalement dépendants du destin collectif.[204] » Mais qui peut encore penser, aujourd'hui, que les destins de Colin Powell ou de Condoleeza Rice sont redevables à leur groupe et non à leurs seuls mérites. Les Noirs ne votent même pas républicain. Qu'importe, si la discrimination positive, comme l'en accusent ses détracteurs, a créé deux Amériques noires, là

---

[204] Gwénaële Calvès, *op. cit.*, p. 19.

où il n'y en avait qu'une. Seulement aujourd'hui, l'une de ces Amériques a connu l'ascension sociale dont on peut penser fort logiquement qu'elle servira de modèle à l'autre, tôt ou tard. Elle a fait aussi comprendre que le rêve américain n'est plus cauchemar pour le Noir. Qu'importe si « en précipitant l'avènement d'une bourgeoisie noire intégrée à la société globale, elle a poussé ces nouveaux notables à quitter les quartiers noirs traditionnels et a privé le groupe de ses élites naturelles[205] ».

On ne peut pas à la fois promouvoir la notion d'individu – et non celle du groupe – et reprocher à ces individus de devenir indépendants du groupe. Désormais, ce n'est plus aux *élites naturelles* de veiller sur leur groupe, dans une approche communautariste. Cette tâche doit être fort logiquement rendue à l'État qui est seul garant de la cohésion sociale et de la sérénité des individus. L'amélioration des conditions de vie dans le Bronx ou à Harlem, la baisse de la criminalité et de la pauvreté parmi les Noirs, ces tâches n'incombent pas aux *élites naturelles*. Elles incombent à l'État à qui les citoyens paient l'impôt pour qu'il s'en occupe. De quel droit le Noir doit-il de toute éternité s'occuper de lui-même et de ses *frères* là où le Blanc ne s'occupe que de lui-même ? Cela me fait penser au fantasme du grand frère en France, ces jeunes sans expérience à qui la France déléguait la tâche de ramener la paix dans les cités. Aujourd'hui, le rêve américain se poursuit pour les minorités. Je me souviens de cet homme qui disait, pendant la campagne des présidentielles américaines de 2004, « *I've got a dream* (J'ai fait un rêve) ». Son rêve, c'était de voir un jour quelqu'un de la minorité à laquelle il appartient, siéger au Sénat des États-Unis. Cet homme était latino.

---

[205] *Ibid.*

Aujourd'hui, en Amérique, « dans les séries policières, neuf fois sur dix, le violeur est blond aux yeux bleus, pour qu'on ne donne pas l'impression de dépeindre les minorités de manière négative ; et lorsque le délinquant est noir, et que le détective qui le pourchasse est blanc, on s'arrange pour que le chef de police soit noir, lui aussi. Agaçant ? Peut-être. Mais quand on se souvient des vieux films de cow-boys et d'Indiens, où ces derniers étaient fauchés par vagues entières sous les applaudissements frénétiques des gamins, on se dit que l'attitude actuelle est un moindre mal.[206] »

Amin Maalouf a raison. De toutes les façons, puisque les minorités ne pouvaient plus accepter le vieux cliché de la justesse du combat du cow-boy, de son infaillibilité et de son invincibilité, c'était soit *Men in Black*, et *L'Arme fatale* où le Noir et le Blanc sauvent l'Oncle Sam, soit Shaft le Noir, défiant et terrassant le méchant, qui dans la nouvelle mythologie négro-américaine était devenu blanc. L'Amérique a fait le choix et le bon : ce sera *Men in Black* et compagnie.

Et c'est ici que l'*affirmative action* américaine prend toute sa valeur. C'est dans cette approche symbolique qu'elle prend tout son sens. En quarante ans, on est passé d'un rêve blanc, d'une mythologie raciale qui a été dominée par le Blanc sinon le WASP pendant quatre cents ans, à une mythologie nationale, où toutes les races trouvent leur place. Plus que les résultats de l'action politique sans cesse ballottée et ralentie par les alternances politiques, c'est cet esprit, cette ambiance générale à laquelle les Américains sont arrivés qui importe ; où chaque citoyen – et surtout au sein des minorités – à la télévision, au cinéma, dans l'espace politique, retrouve des visages qui ressemblent au sien, ne se sent plus exclu et peut reprendre

---

[206] Amin Maalouf, *op. cit.*, p. 141.

espoir. Et malgré ses réticences initiales, un gouvernement républicain est aujourd'hui le porte-flambeau de l'intégration politique des Noirs aux États-Unis, là où les Démocrates, alliés naturels des Noirs, caracolaient largement en tête.

C'est cet espace mythologique que la France doit conquérir. Les débats sur la discrimination positive française ont très peu exploité cet aspect symbolique. Les débats sur la discrimination positive française ont toujours négligé deux aspects fondamentaux des discriminations et des minorités.

Les discriminations dont sont victimes les minorités en France sont assez récentes[207]. Elles sont apparues après le regroupement familial et avec les jeunes générations. En effet, on ne peut pas parler de discrimination pour le Soninké analphabète qui est éboueur comme il l'aurait été dans n'importe quelle partie du globe, même dans son propre pays d'origine. Qu'on ne l'ait pas aidé à évoluer, est une autre chose qu'il ne faut pas confondre avec le débat qui nous intéresse. L'Espingoin, le Rital, le Porto, le Polack ou même l'Auvergnat et le Breton, ont été logés avant lui à la même enseigne. Là où aux USA on a l'ancien esclave, où la situation d'esclavage était héréditaire – les castes le sont aussi en Inde, tout comme le déterminisme racial qu'engendra l'apartheid en Afrique du Sud –, en France, on est en présence d'hommes libres, pouvant aspirer à l'évolution, même si celle-ci est freinée par les discriminations. Ici, la discrimination positive va donc être un accélérateur, une réparation plutôt que l'invention d'un système neuf, d'un regard nouveau.

---

[207] Il est évident que j'ignore volontairement le temps de l'étudiant noir à Paris, du tirailleur sénégalais, du rire banania et du bon Nègre, de la revue nègre et des expositions coloniales. Les discriminations actuelles sont différentes des comportements de ces époques, même si elles en sont les héritières.

L'exception française

Aux États-Unis, l'institution et la société civile ont été, toutes les deux, le siège des discriminations. En France, de l'accès au logement ou à l'emploi, aux errements discriminants des acteurs scolaires, sanitaires ou sociaux qui confondent minorité avec étranger, seule l'institution est porteuse de cette discrimination, de cette infériorisation, héritées du système des privilèges de naissance, de la colonisation avec son rêve civilisateur et ses politiques d'indigénat et d'assimilation. Il appartient donc exclusivement à l'institution d'évoluer et de rejoindre l'état de sérénité raciale assez avancée au sein de la société. En France plus qu'ailleurs, les institutions ont donc le devoir de créer une mythologie nationale dans laquelle se reconnaîtront les minorités.

Le métro parisien est bourré d'informations sociologiques d'un intérêt exceptionnel. L'inconscient collectif de la société française s'y dénude comme une bonne strip-teaseuse, un Turc sans moustache ou un Sikh sans turban. Dans cet institut démographique souterrain, chaque station a sa population et chaque groupe est facilement identifiable à ses rituels, à ses comportements. Ainsi, il y a d'un côté les resquilleurs et de l'autre les contrôleurs. En Angleterre, de manière générale, le contrôleur se positionne pour que le resquilleur n'ait aucune chance de commettre son forfait. Soit parce que dans le bus, il demande systématiquement le titre de transport à tous les passagers, soit parce que dans le métro, il se tient *devant* le portillon. En France, le contrôleur joue au chat et à la souris avec le resquilleur. La station des Halles est l'arène mère, le Bercy, le Zénith, le Madison Square Garden de ce combat. Les contrôleurs se cachent derrière les piliers, dans les guérites aux glaces sans tain, usent du talkie, communiquent par SOS, sémaphore et morse, pour chasser du suspect. On a l'impression qu'ils sont payés à la tâche et qu'en plus ils prennent un immense plaisir à jouer aux gendarmes, aux redresseurs de torts, à culpabiliser, à acculer, à accuser, à punir, à créer un univers de bons et de méchants.

On a souvent l'impression qu'en France, les notions de culpabilité et châtiment l'emportent sur celles de prévention, de pédagogie et de récompense du mérite. À la politique américaine du dollar et du gros bâton, expérimentée aussi pour la discrimination positive, on oppose la seule répression. Dans cette optique, le *testing* – piège tendu aux portiers des boîtes de nuit, aux bailleurs, aux chefs d'entreprise, pour le flagrant délit de discrimination au faciès – est apparu comme la panacée qui allait diaboliser, et clouer dans la honte, ces infâmes tenanciers qui osent pratiquer le choix de la clientèle au faciès. Existe-t-il dans ce pays une seule institution qui ne pratique pas le choix au faciès? La contre-productivité et les effets pervers de cette méthode culpabilisatrice sont immédiats. Tout propriétaire a le droit de choisir sa clientèle, de déterminer les critères de son choix. Le propriétaire agressé ne comprend pas qu'on lui reproche son attitude, alors qu'il ne fait que s'aligner sur le modèle ambiant. Dès lors, plutôt que de l'aider à comprendre que le critère ethnoracial est un mauvais critère, on va l'aigrir en voulant l'humilier. Résultat: on va l'amener à affiner ses comportements discriminatoires pour devenir incollable. Le curriculum vitae anonyme correspond à la même logique du piège implacable. En France aujourd'hui, nous sommes tous les héritiers de la stigmatisation, de la diabolisation, de l'infériori-sation, de la culpabilisation, de la victimisation, des générosités naïves ou coupables, qui font le lit de toutes les discriminations conscientes ou inconscientes. C'est ce lit qu'il nous faut détruire par la pédagogie.

Aujourd'hui, la majorité des dispositifs se fondent donc sur la diabolisation du Blanc. Quant aux minorités visibles, on ne les perçoit que comme subalternes. Si en Angleterre, l'*affirmative action* est faite pour aider les personnes sans formation, en France c'est plutôt les minorités très formées qui ne trouvent pas leur place dans cette société qui ne les conçoit que comme des subalternes. Dans ce contexte et à ce jour, la seule réelle innovation dans le débat sur la discrimination positive vient de l'expérience de l'Institut d'études politiques de Paris avec sa passerelle pour un accueil spécifique réservé aux enfants des quartiers défavorisés.

Certes, il y a eu les dispositifs de parrainage pour les jeunes demandeurs d'emploi des quartiers défavorisés. Mais nous nous retrouvons dans cette diagonale de l'échec qui semble de toute éternité réservée à des jeunes dont le profil est généralement typé.

Certes, il y a eu des politiques territoriales de discrimination positive, avec les zones franches ou les zones d'éducation prioritaire. Vous avez bien dit *zone*?

Dans cette constellation de dispositifs tous plus généreux les uns que les autres, seule l'expérience de Sciences Po réunit deux critères essentiels. Elle s'adresse à des jeunes au niveau scolaire et intellectuel qui n'a pas besoin d'être soutenu. Elle permet une ascension sociale appréciable, ce qui nous sort d'un misérabilisme devenu de règle dans le traitement des problématiques des minorités dans les missions locales à l'efficacité plutôt douteuse. À la différence du parrainage, elle n'est pas confiée à des âmes charitables bénévoles, mais est prise en charge par l'institution à qui incombe la charge de s'occuper des problématiques sociales. La dimension symbolique ici est grandiose. D'abord, l'élitisme s'ouvre enfin aux damnés de la société. Ensuite pour la première fois, une institution passe à l'acte pour s'exorciser de ses propres comportements discriminants, cette maladie nationale qui mine les institutions, là où, nous l'avons dit, les individus n'ont plus rien – n'exagérons rien et disons modestement *plus grand-chose* – à se reprocher.

Que toutes les institutions, à l'exemple de Sciences Po, se donnent la tâche de trouver un mode d'ouverture et d'attractivité aux minorités discriminées. Puisque aujourd'hui il serait difficile de trouver des musiciens et des danseurs classiques noirs, non parce que les Noirs n'aiment pas la musique – classique ou non – mais parce que la société inexorablement les cantonne à une musique tribale, il faudra que les institutions de ce secteur deviennent attractives pour les enfants noirs. Puisque aujourd'hui le cinéma, la télé et les médias cantonnent le Noir à des rôles spécifiques, que l'on fasse preuve de pédagogie pour que ces espaces découvrent la mine de créativité et de talents qui couve au sein de ce groupe. Puisque aujourd'hui l'école croit accueillir « vingt cinq nationalités », formons les enseignants à savoir que tous ces enfants *étrangers* sont des Français et non des faciès aux nationalités indélébiles. Puisque cet étudiant se plaint à juste titre qu'à côté de Charlemagne, Louis XIV et bien d'autres, l'histoire des Noirs dans les programmes scolaires se réduit à quatre cents ans d'oppression, introduisons-y l'étude des empires africains, maghrébins et asiatiques.

La discrimination positive est une politique de rattrapage fondée sur la notion de groupe. Cette caractéristique la rend rébarbative auprès de l'opinion française nourrie à l'objectif – que l'on croit réalité – de l'égalité devant la loi de tous les citoyens, sans distinction d'origine, de race ou de religion. La réalité c'est que la discrimination se fonde sur des groupes ayant des caractéristiques visibles et accessoires communes. En attendant le jour où tous les individus seront jugés, chacun pour ce qu'il fait et non pour ce qu'il est, la discrimination positive, avec sa prise en compte du groupe, est un mal nécessaire. La prise en compte du groupe est la seule solution aujourd'hui, et pour en finir avec le racisme, nous n'avons d'autre solution que de prendre la race en compte pour permettre l'émergence de l'individu.

Je souhaite que la visibilité des minorités visibles devienne positive, pour que cette exemplarité nouvelle – après le misérabilisme des cités qui nous est servi en boucle dans les grands-messes cathodiques – puisse permettre aux jeunes de s'y identifier et de croire en leurs chances. Il est vrai que les services de l'État n'ont pas vocation à être des mosaïques de représentativité raciale. Je voudrais que la discrimination positive soit une vaste campagne pédagogique à l'école au niveau de l'État, des médias, de toutes les institutions qui en ont bien besoin, car seul le changement des mentalités permettra d'inverser le regard posé sur les minorités.

Avant toute chose et tout au long de cette démarche pédagogique, restons convaincus que ces enfants sont des petits Français, arrêtons de leur parler de leurs origines et enseignons-leur *La Marseillaise* et non *L'Abidjanaise*.

CONCLUSION

> Le Nègre n'est pas. Pas plus que le Blanc.
> Tous deux ont à s'écarter des voies inhu-
> maines qui furent celles de leurs ancêtres
> respectifs afin que naisse une authentique
> communication[208].

Les choses évoluent et nous devons résolument nous inscrire dans cette évolution, l'accompagner. Et si nous nous félicitons de l'évolution sur le continent africain, ou si nous déplorons souvent la lenteur de cette évolution, si nous appelons de tous nos vœux une plus forte conscientisation des masses et des élites du continent noir, il ne reste pas moins vrai que notre destin comme Français s'inscrit dans le destin de la France avant tout. Il est évident que notre devoir comme minorité visible et encore ségréguée, est d'aider notre société à comprendre la

---

[208] Frantz Fanon, *Peau noire, masques blancs*, Points Essais, Paris, 1971, p. 187.

nécessité de l'égalité des chances pour tous les enfants de la République. Si je hurle ma souffrance, disait en substance Guy Tirolien[209], c'est que j'ai l'orteil pris sous la botte des autres. C'est à nous d'exprimer notre malaise. Tôt ou tard, nous serons entendus. Notre succès en Occident sera plus utile à l'Afrique que l'illusion d'une africanité qui ira se dissolvant dans notre réalité quotidienne qui est française ; que l'illusion d'un retour aujourd'hui devenu impossible.

Frantz Fanon disait : « Qu'est-ce que c'est que cette histoire de peuple noir, de nationalité nègre ? Je suis français... Quand des hommes, non pas fondamentalement mauvais, mais mystifiés, ont envahi la France pour l'asservir, mon métier de Français m'indiqua que ma place n'était pas à côté, mais au cœur du problème. [210] »

Fanon ne se considère pas comme un Nègre mais comme un homme, appartenant à une Nation. Comme citoyen, il défend son pays. Comme homme, il se sent solidaire du genre humain. C'est comme homme qu'il a été de tous les combats. C'est comme homme qu'il s'est opposé à la France quand elle a endossé, contre les Algériens, l'habit de la barbarie. Il n'y a pas de destin lié à la couleur de la peau. Le Blanc qui a réduit en esclavage les Noirs et étendu sa domination sur les peuples en se fondant sur la couleur de la peau pour clamer sa supériorité, ce Blanc était un barbare, et si je brandissais l'étendard de la couleur de la peau pour le combattre, je deviendrais exactement comme lui.

La négrité n'est pas une religion. Mais la stigmatisation dont les Noirs en général, et les Noirs de France en particulier, sont victimes, conduit inévitablement à l'émergence d'un sen-

---

[209] Guy Tirolien, *Balles d'or*, Présence Africaine, 1961.
[210] Frantz Fanon in *Peau noire, masques blancs, op. cit.*, p. 164.

timent de frustration qui engendre une agressivité proche de l'intégrisme idéologique dogmatique, religieux. De même que les enfants noirs de France sont devenus des Blacks parce que la couleur de leur peau leur apparaissait comme la base de la stigmatisation et du rejet dont ils étaient victimes, de même beaucoup de Noirs, et en particulier ceux de France, s'égarent dans la conviction qu'à cause d'une histoire qu'ils jugent, à tort, commune à tous les Noirs, leur destin est identique et inscrit sur leur épiderme. Ils croient donc en une histoire commune où tous auraient souffert de l'esclavage et dont les marques restent comme des cicatrices qu'ils honorent comme des lauriers ou des trophées de guerre. Tous les Noirs auraient une histoire et une culture communes.

Alors, me désolidarisant avec véhémence de cette falsification, je déclare ce qui suit.

Je ne me réveille pas tous les matins au son du djembe, encore moins mes enfants. Déjà, dans mon lointain village de Dizangué, longtemps avant l'Époisses bourguignonne ou la francilienne Évry, ma vie était rythmée par les cloches des matines, de l'angélus et des vêpres. L'hypothétique et lointaine existence du réveil au rythme du tam-tam ferait partie de mon patrimoine mais en aucune façon de ma culture éternelle, de ma culture du quotidien. Pourquoi devrais-je nier ma réalité quotidienne judéo-chrétienne et revendiquer une africanité mythifiée et pétrifiée que je ne connais point, faite d'animisme et d'initiations forestières, où des sorciers malfaisants côtoieraient des guérisseurs infaillibles, tout ce monde vivant au sein d'empires idéaux.

Je ne me réveille pas avec sur le visage le crachat qu'a pris mon père colonisé. J'ai connu de la colonisation finissante, dans un succédané d'apartheid, la place réservée aux Blancs dans notre église de Dizangué, et les bonbons qu'ils nous lançaient à la volée le 14 juillet, pour le plaisir de leurs enfants et de leurs femmes. Je n'ai pas oublié, afin que cela ne se reproduise jamais. Mais j'ai décidé de ne pas faire, de ces événements, le canevas qui encadre ma vie d'homme, qui ne sera pas une répétition du passé. Même dans cette barbarie indescriptible et inhumaine de la colonisation que j'ai connue finissante, j'ai croisé le sourire doux et unique des religieuses qui embrassaient des lépreux putrides; le dévouement sans faille d'Adrien Rémi. Je les ai gardés à jamais dans ma mémoire parmi les plus fortes marques de cette humanité qui m'a préparé à la vie d'homme. La colonisation n'avait pas une once de positivité. Cependant, dans cette tourbe de l'histoire, les hommes étaient ce qu'ils étaient, perles ou déchets.

Je ne me réveille pas le corps meurtri par les coups qu'ont reçus les ancêtres des Noirs américains ou des Noirs antillais. Aucune solidarité raciale ne fera de moi un descendant d'esclave victime de la Traite et encore moins le porteur des stigmates de ce passé inhumain. Je n'ai pas le droit d'usurper cette histoire qui n'est pas mienne et je me trouve d'ailleurs du côté malaisé de l'histoire, puisque si la bêtise, la cupidité ou la faute étaient héréditaires, je pourrais porter dans mon sang l'héritage d'un ancêtre esclavagiste, fournisseur des négriers. Si je déplore la traite, c'est au même titre que la Shoah, les génocides arménien et tutsi, et toutes les autres horreurs qui ont souillé la terre et l'âme des hommes. Mais je voudrais aussi déplorer, avec les mêmes accents, les tribulations de ces citoyens du Maghreb dont la seule faute est d'être noirs. Je voudrais fustiger le traitement dont les Noirs souffrent en Mauritanie ou au Soudan, l'actualité inhumaine des enfants mauritaniens déportés au Mali et au Sénégal et dont le sort ne soulève pas l'indignation de l'intellectuel noir, au même titre que la désormais lointaine Traite. Je voudrais fustiger le traitement dont les Kurdes sont victimes au Kurdistan, dont les Indiens ont hérité aux USA. Je ne me sens pas responsable ni solidaire, ni héritier d'un probable ancêtre mien qui aurait vendu son cousin ou son voisin au négrier. Je suis victime de l'esclavage comme on l'est de l'ignorance et de l'imbécillité de l'autre qui veut figer le temps en me voyant comme noir-descendant-d'esclave. Alors, patiemment, je lui dirai : « Homme, tu fais erreur » ; et je l'aiderai par tous les moyens.

La vie de Marcus Thuram devra être encadrée par la grandeur de son père et non par le mythe du descendant d'esclave ou de l'éboueur, qui ne saurait en aucun cas être son modèle. La vie de Marcus Thuram devra être éclairée par toute son histoire, et s'il doit garder en mémoire le souvenir de l'esclavage, ce n'est pas pour se vautrer dedans et le brandir comme des cicatrices de guerre. C'est pour qu'avec tous les hommes, il se donne pour mission de veiller à ce que cela ne se reproduise plus jamais, ni sur les personnes à peau noire, si sur aucun individu, ni sur aucun groupe, ni pour quelque raison que ce soit.

Je voudrais que la jeunesse soit reconnue pour ce qu'elle est et non pour ce qu'elle paraît. Et j'entends encore le débit plein d'émotion de Lucien, étudiant de Dauphine qui met la France en garde contre la fuite des cerveau : « Je n'accepterai pas qu'après mes études, l'on me misère dans mon pays à cause de ma couleur. Alors, j'irai aux USA ou en Angleterre. Et la France m'aura payé des études pour un pays qui ne juge pas les cerveaux au degré de pigmentation. » Il y a tant de Modibo Diarra qui ne demandent qu'à travailler. Et il m'a fait une quête qui risque un jour de se réaliser : «Pour faire avancer les choses, décrétons une journée de grève symbolique pour les Noirs. D'abord ils verront à quel point nous pouvons paralyser la France mieux que la CGT, et ils verront aussi que nous ne sommes pas que des éboueurs.» Une idée de génie!

Je voudrais cesser d'être un Noir. Je ne veux plus être noir, à la rigueur cet homme au teint foncé dont parlaient les historiens des temps préhistoriques avant que la cupidité des uns ne les poussât à créer une échelle de Richter de l'humanité. Je voudrais être tout simplement un homme. Car je suis homme d'un certain âge, d'un niveau d'éducation, d'une catégorie sociale, père de famille, toutes ces catégories qui ont plus de valeur que la couleur. Ensuite, je peux en venir aux couleurs et dire que ma peau est plus ou moins noire, et que j'aime les vêtements sombres (comme beaucoup de mâles) et les cravates bordeaux, unies ou cachemire, les voitures de couleur sombre.

J'ai découvert avec émerveillement que les Jaunes et les Rouges de ma géographie humaine et élémentaire se sont évanouis pour laisser place à de banals Japonais, à d'incolores Chinois, à de simples Indiens. Il ne reste sur terre que deux races pour perpétuer cette opposition manichéenne entre le beau et le laid, le bien et le mal, deux races qui se font face depuis des millénaires, deux races qui restent coincées dans leur racisme : le Blanc et le Noir; deux races que même l'irruption explosive de la race musulmane dans cette dialectique du bien et du mal, réinventée par George W. Bush, n'a pas réussi à éradiquer.

Je ne voudrais être fier, responsable et victime que de mes choix. Je ne saurais admettre que mon destin soit inscrit dans la forme de mon nez ou la coloration de mon épiderme. Je ne dois pas admettre que l'on me condamne, avec mon consentement lâche, inconscient ou coupable, à une négrité qui n'est ni tare, ni valeur, ni choix. Je voudrais qu'au bout de ma quête, de ma prière virile, je fasse disparaître le Noir et le Blanc, comme le Jaune a su disparaître.

Au-delà du Blanc et du Noir, il y a l'être humain, tout simplement.

Post-scriptum

Ce que je sais : la jeunesse noire en a assez d'entendre que l'histoire des hommes noirs se réduit à quatre cents ans d'oppression.

Ce que j'entends, c'est la voix de ce jeune internaute qui nous dit : «Que vous le vouliez ou non, nous ne sommes pas héritiers des Kémites, mais leurs descendants. Les héritiers des kémites sont ceux qui nous oppriment aujourd'hui.»

Ce que je déplore, c'est qu'une certaine jeunesse, fourvoyée dans le dédale de cette *lacrimarum vallis*, s'attache à ressusciter une histoire multimillénaire pour y retrouver des raisons d'être fière de sa couleur, de son passé et de son origine, comme si une histoire plus récente, comme si le présent, était vide de tout motif de fierté, comme si le futur était le reflet du passé.

Ce que je ne souhaite pas, c'est que les commémorations, tant revendiquées par les Noirs, se transforment en torrents boueux et mortifères de récriminations stériles, de haines réchauffées, de récupérations pathétiques de toutes les misères du monde.

Ce que je propose, c'est de revisiter toute l'histoire des hommes noirs, de la réinscrire dans le cadre de l'humanité, non pas *à côté* de celle-ci. Ainsi, nous l'enseignerons à tous les enfants de France qui sauront enfin que *négrité* ne rime pas avec *opprimé*, qu'en tout cas, c'est une rime bien pauvrette, mais que *négrité* doit plutôt rimer avec *humanité*.

Alors, nous leur parlerons de Félix Éboué, sans qui le destin de la France aurait peut-être basculé. Ce fut un homme, un grand homme, compagnon d'un autre grand homme, le général de Gaulle.

Nous parlerons aux petits Français de toutes les couleurs, de Frantz Fanon, dont la conclusion belle et humaniste de *Peau noire, masques blancs*, devrait être enseignée dans toutes les écoles de France.

Mais nous leur parlerons surtout de Fanon, ce jeune homme de dix-sept ans, qui, avec des milliers de jeunes Antillais, quitta les Antilles pétainistes et rejoignit la Résistance française, en passant par les Antilles britanniques. Le sang qu'ils ont versé n'avait pas de couleur particulière.

Nous leur parlerons, à tous les enfants de France, de cette belle histoire de la France, de l'homme noir qui a toujours été présent, vaillant, digne, oubliant un instant la vilenie historique de l'esclavage et de la colonisation. Je parlerai du tirailleur sénégalais dont la bravoure était chantée sur tous les fronts de toutes les guerres françaises du XXe siècle.

Et au bout de cet album de beaux souvenirs de notre commune histoire contemporaine, nous regarderons ensemble, avec la distance qui s'impose, la stupidité et la barbarie des siècles inhumains d'esclavage et de colonisation, pour prophétiser un avenir humanisé.

Prophétiser, pas rêver[211]

Dire la vérité à son peuple, même si les autres peuvent l'entendre et s'en servir, n'est pas ajouter à ses misères mais au contraire le respecter et l'aider. La mauvaise foi des groupes étant pire que celle des individus, il faut que certains de leurs membres, plus clairvoyants et plus courageux, entreprennent de les éclairer. Si personne ne veut se donner la peine de cette mission, alors tant pis pour les groupes.

---

[211] Albert Memmi, *Portrait du décolonisé arabo-musulman et de quelques autres*, Gallimard, Paris 2005, p. 48.

Achevé d'imprimer en septembre 2005
par Normandie Roto Impression s.a.s.
61250 Lonrai
N° d'imprimeur : 05-2369
Dépôt légal : septembre 2005

Imprimé en France